■旅日圍碁大國手吳清源先生與作者齊濤合影
（左爲吳清源先生）
有關記事見〈圍碁大國手吳清源先生〉一文

獎狀

查中央日報駐日特派員
齊濤同志自擔任新聞工作
以來在一年五個月之間撰
寫日本專題達一百七十餘
篇發出報導分析尤多感認
立論深邃記述翔實質量均
創紀錄有裨文化事業非淺
特予嘉獎以勵忠勤

中國國民黨中央委員會
秘書長　許水德

中華民國八十六年十二月　日

■中央委員會許秘書長水德先生核發之獎狀

日本禁書

日本深層

三民叢刊 72

齊濤著

三民書局印行

（左・林金莖代表　右・齊濤特派員）

（左・林金莖代表　右・齊濤特派員）

由我國駐日代表林金莖先生代表中央頒發《中央日報》駐日特派員齊濤新聞報導分析「獎狀」儀式。1994年1月21日在東京白金臺代表辦事處。

（左・齊濤特派員　右・林金莖代表　後面爲代表處高級官員）

（左・林金莖代表　右・齊濤特派員）

序說

齊濤

一

偶然的機緣，我為《中央日報》寫起專欄來了，因為我長期住在日本，對這個國家的每一方面抱有興趣。就是這樣，又奉命擔任了「駐日特派員」之職，那是一九九二年五月的事。在這之前，我曾主編過《東京雜誌》，也兼任過海外一家新聞社的駐日特派員，祇是那時處境不同，無法作較多而深入的報導。反過來看當時駐在日本的三百七十名外國記者，有不少表現傑出的，例如美國 ABC NEWS 坐鎮銀座六丁目朝日大厦的六名幹員，就是機動力很强的一彩。其他主要新聞媒體，也有派雇十幾名記者上陣的。這不外乎日本的發展，已引起世界性的重視，越是先進國家，越想掌握日本的動態。

《中央日報》派駐日本的雖然只我一人，卻是非常得力於社內的支持和規劃：除了重要的新聞要隨時注意以外，並規定了駐外記者要每週提出一篇特寫，來報導分析駐在國家的有關消息，包括已出現的與可能出現的那些事態，向讀者作較具體的介紹。這個規劃和構想，可以說是新聞界的一大創舉，饒有意義。我的「東京速寫」，就是這樣產生的。一年多下來，還能集成册子，是未曾想到的，這要感謝報社當局的指導和周到的設計。

二

但是，每週一篇這樣專稿，怎樣來寫？說來話長。首先是這種定時交卷的新聞稿，不一定在執筆時，就那麼巧有大家關心的新聞出來。炒冷飯不好；脫離現實的會使讀者失望；太遙遠的像索馬利亞那邊的問題與我們無關；造謠生事是大忌。所以，天下雖大，新聞雖多，還要看看哪個是我們該知道的、有用的與受歡迎的。因為讀者的水準越來越高，大家的眼睛雪亮。

另方面，日本是個特殊國家，資訊量雖然多得不得了，可是它有表裡的兩面。就是官員發表的言論，也有真話、假話、試探話和應酬話。特別是後者的應酬話特多，如果不加思索嘩啦一下子就報導出來，也許第二天就來個唱雙簧式的否認，使記者吃了悶棍，落得「上下皆空」不說，對廣大讀者引發的錯覺，是永遠無法補救的，有著遺憾和責任。對這問題的看法，自又因人而異，也有主張新聞就是新聞，不計後果的。

做為駐外記者，莫不為報社的使命與對讀者的奉獻而努力。正因如此，維持客觀的報導，是頂重要的一環。特別是對日本這樣重要國家，既不能失慎於格調和立場，更不能有「反日」、「親日」那種意識存在。錯誤也許誰都難免，但是小心求真的精神，不能沒有。所以，一個專欄的提供，有時要相當資料支持。就是這些資料，構成麻煩問題。一要整理，二要平時當戰時那樣留意！有「情報」性的，必須立刻使它到手。所以，一個新聞背景的交代，很要點熱情和時間，因為它不可能憑空而來。

三

記者，通常是每天爭逐消息，並為消息打轉，是免不了的。我是在「頭條」得不到，「二條」沒什麼用處的空檔，寫日本發生的各類問題。每週一篇，是在指定交稿的當天晚上(每星期二下午八時前)，風雨不誤的電傳回社。非等到最後一天不能動筆，是因為要環顧一下有什麼最新的「情報」可以奉告讀者。所以，雖然是定期的，也竭力維持剛冒出來的那些題材。這樣寫新聞，是不是一過時間就明日黃花了？這我不敢講，只知道有剪貼的和被引用的。

總的來說，日本是個較難理解的國家。當然他們有許多優點，但是，他們的優點是在他們的文化裡孕育出來的；換句話說，日本生活上的、思想上的、行為上的尺度，是為他們自己訂製的、打造的那種 size，不是放諸四海而皆準；因為日本文化是經過許多途徑雜湊起來，自成一格的。所以在每方面都不能「以此例彼」的，或作「想當然」的那樣判斷；更不說任何「交流」或「增進關係」，要先作深入的研究了。

現在，除了我的這些「新聞專欄」在進行以外，也寫「日本的這個那個」，每週在「中副」見報。忙是够忙，但願能挖點「日本深層」，來報答關懷我的朋友，也算苦中作樂了。

最後，對於拙著的出版，要感謝三民書局劉董事長振公的相助和指教，他是了不起的文化人。這些已發表在報端的專欄，原有一百多篇，二十餘萬字，是從中抽出六十篇，把題目略加調整付梓的。這些急就章，每篇兩千字左右，雖然成績談不上，去歲十二月還蒙中國國民黨中央委員會，以報導翔實賜頒了「獎狀」，這是我的光榮！不是自矜自許，感念之餘，是序以當為紀念。

齊　濤謹識　一九九四年元月吉日於東京

日本深層

目次

國防・軍事

經濟・貿易

政治‧外交

遊說・外交

日本政策的形成過程

日本政策是怎麼形成的？日本政府誰說了算數？

這問題，在日本任何政、官、財界，在任何高階層，沒人敢拍胸脯。宮澤喜一在上任時說，他的角色是一艘在海洋裏看不見岸的輪船船長；船怎麼開，他不知道。

至於各派閥領袖的影響力行使，是把派內人馬排起隊來分批的送進內閣；其次是遇到重大問題要這些領袖點頭；還有更重要的是各種利益的獲得與政權的操作。換句話說，派閥的干政，有一定層次和分際。這分際是表現在國會的運營上，不是一切事情都管。管，也不過是給總理大臣「穿個小鞋」什麼的。所以，總理大臣不敢輕易發言，更不敢輕舉妄動。但是，總理大臣官邸的「作業班」，有一定功能，否則日本「政出多門」，就統一不起來了。

在這情形下的日本總理大臣，是內外情報的集中掌握者，是行政中樞，一切事情都清楚在目；但不是「下條子」的決策者，也不能隨便發一道命令。這個行政中樞——首相官邸，不過是一協調性的最高首腦部。

首相官邸的工作人員，由官房長到守衞、廚師和接線生，共七十五人，粗略的來說，他們的工作量，平均每天有九百封函件、五百次電話與接待二百五十人的到訪。此外，每天傍晚，必有兩名中年信使，携保險信袋乘車來到官邸。裏面是紅線細紮的電報和機密文件。更不說在官邸有直通各重要國家的「熱線」以及現代化的通信設備了。

就是在這總理官邸，每星期一、星期四的中午，必有三十三名年齡都在五十左右的標準型人物，乘黑一色轎車準時到達。來此何爲？是開「事務次官等會議」。這裏加一「等」字，是把警察廳長官和法制局長，也包括進去之意。

這項會議，對日本政策的走向，起決定性作用。

因爲各省、廳的事務次官，是日本官僚體系中的最高職位，是眞正權責在握的科班。這些由課長、局長、審議官循序爬起來的次官，除了熟習他的業務之外，大多出於名門學校，又是久經歷練的佼佼者，可以稱爲官僚中的頭腦集團。所以，每週兩次的事務次官會議，與其說是爲翌日的內閣會議作準備，不如說是只待內閣的追認爲恰當。

因爲各部大臣，是隨政局的變化而上臺下臺，其中且多來自「派閥」的酬庸。所以，石原愼太郎諷刺的說：「當選六回議員以後，就是傻瓜，也能撈個大臣幹。」當然，傻瓜是不存在的，頂多是外行而已。由於這種制度和習慣，各省、廳的大臣，絕無自己班底可言，這就更助長了次官的權威性。

次官會議，把警察廳長官包括進去，是因爲警察掌握著全國各地區的情報，包括民情在內。任何決策的釐訂，沒這些基礎資料，會變成空中樓閣。不僅在內政上是如此，有關外交重要課題，也是要聽次官會議的意見。當年日本和中共之間的「和約」，就是由次官會議決定的。因此，美國國會曾派考察團來日，調查日本的政策，到底由誰說了算數，所得結論：在次官會議。

次官會議決定的事項，通過內閣會議，到達總理大臣。在總理大臣周圍，有內閣參事室、內閣審議室、內閣廣報室、內閣調查室等組織。這些組織，是聲氣相通的直屬總理大臣。

其中內閣參事室，是主管文書印信的。內閣審議室，是就其他行政機關管轄以外的施政，進行調查、企劃、立案並與各機關協調推進。內閣廣報室，是主管輿情調查，並非片面宣傳而已。因爲單調的「宣傳」概念已經落伍。內閣調查室是對內閣所要情報進行蒐集與分析，然後遞交總理大臣之手。它是日本的ＣＩＡ。

在這些單位之中，內閣廣報室（在總理府二樓），有達百億日圓以上的獨立預算。重要成員有參事官八名，參事官補十一名，此外爲室員。他們把百億以上的經費，用於出版品的占百分之四十一，其他爲民間生活動態調查。在這方面做得非常普遍深入。無論住宅狀況、賣店分佈、社會意識、夫婦生活、學校教育……是全盤的進行掌握。他們認爲，沒有這些，怎麼知道政府該做什麼事情，以及如何決定輕重順序呢？因此內閣各室，都有獨立調查機構。

內閣廣報室，不但本身做這基礎性工作，而且委託「電通」最大廣告公司，進行這種調查。該公司的第九聯絡局（下設六個部），是專做政府這筆生意的；它能對二萬人作立卽的調查分析，看看老百姓是不是要背離政府。這個公司的重要負責人，大半是來自警方。

日本的所謂內閣，是指直屬總理大臣的內閣官房、內閣法制局、國防會議及人事院等。不像戰前，旣說是國務大臣的合議體，又說是總理大臣行政事務分擔的部局，那樣混淆了。

現在內閣官房的職掌，依內閣法第十二條第一項規定：「除閣議事項的整理與其他庶務外，是對閣議重要問題，與各行政部門的施政，保持必要的綜合調整，以及情報的提供和蒐集。」質言之，內閣官房的綜合調整權，是佈下了隨時改進的伏兵，以求各省、廳在獨立職權之下，協調著前進。此外，也有由民間人士組成，屬於總理大臣的諮問團體——各種會。

這些會，既是出謀劃策的，也是從側督陣的。

由這些地方來看，日本的政治體制，是多重的，以事務次官會議爲骨幹，成一特殊體系，發揮著統一功能。其優點是，在政策形成過程，經過周密調查，適用性和效率性較高。其缺點是一旦政策形成，便難回頭，直到完全失敗。

一九九二年十月七日

日本國會的立法行動與規範

日本國會這一會期，一九九二年一月至六月二十一日，自召集以來，在提出的八十二個法案中，已有三十一個法案順利通過，另有十九個法案已在衆院過關，只待參院承認。看來在八十二個法案當中，除「金融機構的加入證券業法案」以及「證券交易法改正案」，稍有異議以外，其他諸如：救出在外邦人可以出動自衞隊軍用機的「自衞隊法改正案」，「證券交易監察委員會設置案」等，全部法案的百分之九七點六，都會獲得通過。據衆院事務局說，這種高效率立法進度的達成，是因爲在野黨派也以人民生活爲重，沒有過份對立的結果。日本的在野黨，雖然長期以來未能獲得政權，但他們承認這個現實的「實體」，作「閣外協力」。就以重要的預算案來說，日本第二政黨——社會黨，在這一會期，對暫定預算、上年度預算修正案以及租稅特別措置法的修正案，都投了贊成票，不再爲反對而反對，是一個很大轉變。這種轉變，從最近五年來看，一九八七年，社會黨對法案的反對率占百分之二十，現在接近零；公明黨以前的反對率占百分之十五，現在也是零，民社黨亦由百分之十五降爲百分之五了。就是最不合作的共產黨，五年來，也由百分之五十的反對率，態度轉化到只有百分之三十表示不贊成而已。民主政治，無論在朝在野，以國家利益爲第一，這是成熟度的重要指標。

國會達到成熟度要幾個條件。

第一，是議員所受教育與所具知識如何？

第二，是國會法的尊嚴性與完備性如何？

第三，是輿論亦即新聞界的監督功能如何？

就上述三個條件來說，日本是充份具備的。在日本國會議員裏雖然沒有幾個博士（他們不迷信「博士」頭銜），但是議員的水準，特別是表現在發言方面的理性，都是及格的。其次，日本的國會法頗值得研究，它在所有可能發生的問題上，預爲設防。復次是輿論的犀利——後者，在一定的社會，才能發生一定的作用。這是不必多說的。

在這規範之下，議員到了國會，就是上了「法庭」，除立法關係以外的話，不能也不允許說。

例如日本歷任總理大臣，很少沒有「女朋友」的，但國會議員對這類私生活不能過問。

因爲「國會法」第一一九條，第一二〇條，明白禁止對私生活的干涉。因此，在一九七二年十一月，衆院議員松本善明對當時的總理大臣田中角榮，提出他與愛人和子的種種關係時，不但被主席制止下來，而且把他的發言從會議錄中刪除。後來宇野宗佑的「緋聞」之所以發生問題，是因爲他的「女友」突然站出來揭發，遭到輿論圍攻的結果。當然這裏所說的私生活，是指不犯法的私生活——像吉茂和小林女士、鳩山一郎和赤坂料亭藝伎生過孩子，岸信介還出席了他戀人的喪禮，這些不但不犯法，而且還是多年來傳誦的美談！

這是說，日本國會議員的發言，受到相當約束，無的放矢，是不可以的，依法說話，才有立法效率。

更有進者，日本國會「懲戒委員會」的權威性很高，對言行粗暴者，可提請院會決定：⑴在院會公開警告；⑵向院會道歉；⑶在一定期間禁止出席；⑷開除！日本國會議員前後被開除者共有兩名（開除國會議員要三分之二通過即可）；受過其他處分的，在衆院有七十四名，在參院有二十八名，所以，代議士的威風，並不是沒有限制的。

國會議員的言行受到約束，是根據「國會法」與執行「國會法」的結果；但是每一會期能通過八十幾個法案，在於日本是以各種委員會爲中心來運營的。日本國會，在衆院有十八個常任委員會，七個特別委員會，外加一審查會；在參院有十六個常任委員會，五個特別委員會，及一個審查會。兩院都有事務局（秘書處）和法制局之設。其中常任委員會是根據「國會法」第四十一條而來的常設機構；特別委員會是就常任委員會管轄以外的或針對偶發問題而設的，如物價問題委員會，交通安全委員會等。日本國會的所謂「安定多數」，就是指在這些委員會得到控制權之謂。

這些委員會在進行法案審議時，由法案的旨趣說明開始，然後是質疑問答、討論、修正。答辯通常是由大臣擔當，但各省廳的局長等部屬，得以「說明員」的身分，列席輔佐大臣，由輔佐者登臺說明，是常有的事。在委員會審議過程，雖然也有聽證會的上演，但不像美國或西德那樣頻繁重要。

就是這樣，在衆院各委員會通過的法案，在院會殊少有被否決的。我們所說的院會，在日本稱「本會議」（Plenary Session）。法案一到「本會議」，最快的有三分鐘便告解決的，因爲不要二讀、三讀，是一讀便算。

日本的衆院院會，年平均召開五十次，所費時間僅八十二小時；參院院會，年平均召開三十四次，所費時間爲六十三小時。這和英國下議院年平均召開一百六十七次，要一千五百二十八小時，以及上院年平均召開一百八十三次，要一千一百四十六小時來比，不啻天壤之別（美國和英國所費次數和時間相似）。

相反的，日本國會各種委員會的召開要頻繁得多，年平均在三百五十次左右，所費時間也在一千一百個小時以上。由於法案的審議，是以委員會爲中心，行政單位不但疏通容易，而且都保有適當管道，所以行政單位左右著立法，絕非過言。亦正因此，立法的效率，爲世界之冠。

一九九二年五月七日

日本自民黨的派閥構造

日本自民黨爲何能長期執政？問題是多方面的——把國家建設搞好，把社會秩序搞好，把經濟發展搞好，把國民教育搞好，都是不可少的條件。但是英國在全盛時期，美國在黃金時代，每方面都搞得不錯，也未能一黨執政到底，顯然，日本的自民黨，還有其他獨到的地方，這些，都值得一談，值得注意。

一黨長期執政，在民主國家，不容易辦到；可是日本辦到了。無論怎麼說，日本自戰後以來，不是專制國家，更不是槍桿子出政權的那種國家。因爲它有言論自由、集會結社自由、宗教信仰自由，更不說經濟活動和生活方式上的自由。可以說，在先進國家擁有的自由，日本都有，諸如辦報紙、辦雜誌，連登記手續也不要；罵政府，也請隨便！更對所有政黨與其主張（包括共黨和共產主義），都給予合法地位。凡此，肯定日本是個自由國家，應該說得過去。

正因它是自由國家，表現在政治上的，也得符合自由民主的概念。在這方面，日本的政治舞臺，和「擂臺」一樣，是公開擺在那裏，絕對沒有禁區，這是事實。只要你「拳法」好，誰都可以上去；「拳法」，是說打出足夠的席次，便可成爲執政黨，並可當上總理大臣。這是首先該有的認識。

在這前提之下，日本除了一九四七年，第二十三回大選，社會黨領先獲得一百四十三席，有過片山內閣的曇花一現（七個月）以外，自民黨，包括它的前身，雖有幾度分合，卻是一直掌握了政權。這樣長期的，用民主方法——選票，維持四十多年的政權，在世界政治史上，是沒有前例的，是「異常」的，表現了眞的工夫。在這眞工夫之中：

⑴法律完備化，嚴格執行。

⑵行政效率化，不推不拖。

以此兩項辦法，先建立政府的權威性與信賴性，減少國民對政府的反感。具體的來說，是提高並重視警察、公務員的素質與司法機關的公正嚴明，使政策的推動，百分之百的，沒有折扣的達成目標，以表現政府之有能。但是這個辦法的持久推動，還要：

⑶官僚制度的堅如鐵石。

日本的官僚，和政界，是分工的各有其份。官僚在官廳本著法令辦事；政界是在國會大院，相互結納，搶總理大臣椅子；但對官僚，沒有太多影響。所以，儘管國會風波不斷，各衙門的公務員是照樣推行工作。這個基礎的建立，對日本，對自民黨，是相當重要的有著許多貢獻。

除了上述這些基礎，早早的把它建立了以外，是日本自民黨派閥的功能，占有重要地位。

在歐美國家，通常是由複數政黨在競爭之中，進行政權交代。日本自一九五五年以後，用「擬似政權交代」手法，給人以新陳代謝感覺，防止了一黨專政印象。這種辦法像舞臺登場人物一樣，是在一個劇本裏求其變化——在歷任總理大臣之中，佐藤榮作幹了七年八個月，是任期最長的，宇野宗祐因桃色緋聞，不到幾個月就垮臺了。日本內閣平均壽命也不過一年八個月。這種政治換班的演出，是得力於派閥的存在，並由此得到制衡，這又是日本執政黨的最佳設計。

日語中的「派閥」和英語的派系（faction），意義不同。派系是指政策意見相同的一夥。日本的「派閥」，是以政治資金的取得與獲得大臣名位爲目標的人際關係，猶如親子間縱的組織。因爲不是以政策作基礎，被納入派系小議員，且有半年見不到他的領袖，更不說當選幾回也不會登臺作過質詢的了。

從「計量政治學」的立場來看，自民黨的派閥，是一種高度的政治編組。五大派閥，就是把自民黨議員編爲五個大隊。派閥領袖是大隊長，總理大臣是大隊長兼値星官。遇到「情況」，由大隊長互相打個照面，就把事情決定了。這比七百多名議員「散兵游勇」般「意見紛陳」，是多麼有效率與多麼容易統攝？所以，自民黨的派閥，既是文化原型，又是無往不利的很科學的組織。

由於自民黨的「派閥制」，隨著產生了「資金制」與「地盤制」。「派閥制」的優點既如上述，「資金制」的功能尤爲可觀，在多黨政治競爭下，錢是致勝的主力之一。這對自民黨的意義是雙方面的：第一，有錢才能對議員進行編組，使席位確保並增加勢力。第二，有錢才能維持住既得「地盤」。有這兩個法寶，可使在野黨派，望塵莫及。

另一方面，自民黨的基本政策，是維護並站在工商企業的立場，來謀經濟利益的——一直有著政商不可分的關係。因此，商人支持自民黨獻金，是理之當然。所以無論平時或遇到選舉，自民黨的資金，永遠不虞匱乏；這是在野黨派無法企及的。畢竟燒熱竈，支持在朝的，比支持在野的有意義。所以，這種「資金制」的建立，也與自民黨的長期執政有著直接關係。

此外自民黨的「地盤制」，可以說由來已久。每個議員都有其「地盤」。這「地盤」一旦佔有，不會輕易失掉。以中曾根爲例，他在選區，既有「康友會」、「向日葵會」、「羣馬經濟研究會」，又有「三友會」、「青雲會」等，無數的後援團體，掌握著、聯繫著、維護著他的選民。由於「地盤制」的確立，它還能把這「地盤」傳給子孫或秘書，來確保自民黨的鐵票，更不說自民黨還有三百八十二萬黨員，起著一定作用了。

自民黨的長期執政，還有許多原因。較重要的是「高度組織化了的社會特性」，日本人殊少不在組織的，團隊精神，也是起於組織學的發達。總括的來說，自民黨的長期執政，得力於法律的完備性、制度的健全性、行政的效率性、組織的絕對性、人才的集中性以及正統觀念性**（以自民黨為正統）**者爲多。

其中派閥的作用更大，自民黨五大派閥，等於五頭馬車，政策決定快，反悔慢，說「出兵」就出兵，但也有翻車危險。

一九九二年九月二十三日

日本金權政治的由來

議會政治，少數服從多數，這是沒有疑問的。可是面對各種議案的審查，不免會有意見的對立乃至紛爭的發生，凡此都要調整。日本的這種調整工作，是由各黨派的「國會對策」委員長來進行，它也是別具一格的，有可一談。

首先是關於法案的提出，無論是由內閣或由法定人數的議員，都要先經院會的審議，然後交付有關的「常任委員會」（或特別委員會）來審理。這時，由議院運營委員會承認爲重要法案者，提院會說明，經院會議決，可以省略有關委員會的審議，這是指在緊急情況下的措施，但是這類事例甚少。

常任委員會在衆院有十八個，在參院有十六個。其中科學技術委員會與環境委員會，是一九八〇年九月設於衆院的，在參院則無此組織。又在這些委員會當中，除預算、決算、議院運營、懲罰四委員會外，其他都是和日本各省、廳相應的。例如衆院的內閣委員會，是針對內閣、人事院、宮內廳、總務廳、北海道開發廳、防衛廳、冲繩開發廳所管事項而設；外務委員會，是針對外務省所管事項而來；商工委員會是針對通產省及經濟企劃廳、公正取引（交易）委員會等所管事項爲範圍。除了此類委員會是針對政府的各部門以外，在參、衆兩院另有「特別委員會」。這些「特別委員會」的委員數和任務，是各在設立當時決定的。

在這些委員會進行法案審議時，先由法案的趣旨說明開始，然後是質疑問答、討論、修正，也有激辯。

在委員會的審議過程，也有聽證會的上演，但不像美國或西德那樣頻繁。又，在會期未通過的法案，都當廢案打消了。

由委員會採決的法律案，由委員長提報院會再度質疑、討論、修正，通過而成法律。通過的方法有：「無異議」、起立、記名投票。這是看法案的性質而定。例如對天災的救濟，通常是「無異議」的過關。

日本的國會是由衆院及參院構成的兩院制。由衆院議決的法律，必須再送參院表決，相反的，先由參院議決的，亦必再咨送衆院表決。參、衆兩院表決結果相反時，法律的成立，有下述三種途徑。第一，由參院送達衆院的法律案，如經衆院「修正」通過時，衆院將此議案咨復參院並在同一會期獲致同意卽可。第二，如果參院否決了（包括六十天內無結果），或修正通過時，衆院只要有三分之二的再通過，亦算完成了法律手續，採衆院優先制。第三，召開兩院協議會，達成協議，卽成法律。但兩院協議會，除一九五一年（第十六屆國會）有過一遭以外，再未出現。這和美國兩院對等制的情況完全不同。

法律的成立，還有一道手續，是由最後議決的參院或衆院議長，送經內閣奏請天皇公佈，並在三十天內刊佈於官報，就對一般國民生效了。

日本的立法過程，旣如上述；但有幾點看來突出。第一，內閣提出的法案占有壓倒多數。日本自一九四七年第一期國會到一九八三年的百屆國會，平均起來，由內閣提出的法案爲六千二百五十五件，占百分之六十七。餘爲由議員提出的法案。又就獲得通過的比率來看，內閣提案成功的占百分之八十五；由議員提案獲得通過的，僅有百分之十五。

其次，由內閣提出獲得通過的法案，不僅量多，在質的方面，亦卽重要程度，莫不凌駕議員提出的法案之上。由此可知行政部門的官僚，扮演了重要角色——其作業是先由各省、廳內部的基層開始，由課、股長協同提出具體資料，然後到局長級，使成案文。當各省、廳作出決定以後，接著與其他各相關省、廳進行折衝，再送內閣法制局審查。通過法制局這一關以後，立卽移交執政黨會商，由執政黨承認了的，才能提出於內閣會議，變成內閣的提案。

內閣提案容易通過的原因是，法案的審查以各種委員會爲主。在委員會通過的，到院會很難推翻，何況院會不要三讀，是一回完事。在這情形下，雖然效率很高，可是正好給壓力集團、利益集團造成機會。因爲各委員會都有護航的「族議員」——建設族、郵政族、商工族、運輸族、厚生族、大藏族、文教族。其中建設族外快最多。今年（一九九二）在已列帳的、合法的政治獻金之中，來自建設、不動業界的爲七億六千萬日圓，僅次於銀行業的二十億六百萬日圓。建設業與銀行業的「族議員」，正是竹下派大將的天下。這是所謂「金權政治」的由來。

日本國會，特別是在衆院，遇到在野黨派與執政黨意見不一致或對特定問題僵持不下時，由各黨「國會對策」委員長進行協商，這裏很有文章。

一九九一年二月，在預算委員會，有人揭發說：「社會黨國會議員，從自民黨手裏，五十萬、五十萬的，年間拿二十次黑錢。」說這是執政黨的國會對策之一——對重要法案陷於停頓，無法過關時，進行「打點」。

這種方法，必須出之以不傷大雅，例如在麻將桌上來個八圈——輸給對方、買在野黨酒會的入場券、外遊餞別，在野黨組織活動費的提供等。後者，在一九九一年花了七十九億日圓。這筆錢，是出於自民黨的「國會對策費」。因此，「國對」委員長的人選，在自民黨內要相當傑出，又爲在野黨信賴的，才能當之。

日本國會有議院運營委員會的正式組織，在這正式組織運營不了的，交非正式的各黨「國對」來解決，這恐怕是其他國家所沒有的。因此日本政治學者松崎哲久說：「自民黨的三把劍是：派閥、族羣和國對。其中族羣和國對，是一裏一外的，由族議員掌握支持層，由『國對』分解反對派。」面對這些評論，社會黨的久保亘國對委員長說：「黨與黨間要有個窗口，可以通過窗口來提對案，解決問題。」

日本政界、民間都在大聲疾呼政治改革，可是，日本是個沒有「族」、沒有「國對」、沒有「派閥」便無政治可言的一個國家，如何改法？大有問題，雖然日本自戰後以來，在每方面搞得不錯，現在也面臨了政治、經濟轉折期。在水田町半徑五百公尺的政治圈裏，缺點和汚點，正在淒迷四溢。

一九九二年十一月四日

日本政界的重大瀆職事件

・昭和電工事件

「昭和電工」，戰前就是日本一流企業，屬芙蓉財閥系統；現在也是「名門」，資本額在千億以上。在戰後急需化學肥料時期，由政府投入過三十億日圓，以裨擴大生產，這是一九四八年的事。那時，這是不得了的數字。就是這筆資金，在交付過程，發生了收賄事件。涉案的有當時的經濟安定本部長栗栖赳夫、福田赳夫（那時是大藏主計局長），還有曾任總理大臣的蘆田均、副總理西尾末廣以及自由黨幹事長大野伴睦等，都被起訴過。結果，這個案子審理了十四年，除栗栖以外，都宣告無罪了。

這個事件的發生，是起於美國駐日盟軍的參謀二部與盟軍民政局之間的對立，不然不會暴露於世；但到十四年後大家淡忘了，才結案，未影響到這些大政治家的飛黃騰達，是很大特徵。這事件牽涉到高階層人士很多，最後僅對一名輕罰了事，也是值得玩味的。那時，蘆田均的聯合內閣成立未久，吉田茂的民主自由黨也剛出現，日本政局尙未安定，是百廢待舉，最需要錢的時期。從「昭和電工」弄出一筆錢來，是籌措政治資金，這是早期的方式，所以法曹都高擡貴手了。

・造船疑惑事件

日本在戰前擁有六百三十萬噸的商船隊，戰後只剩三十萬噸了。爲了復活昔日舊觀，有了大規模造船計畫，並亦注入了龐大國家資金。爲了造船的利權分配以及造船貸款的利息補貼，在法律改正的審議階段，對議員進行了買收。贈賄的是各海運公司大老闆，收賄的是執政黨重要成員。除佐藤榮作自由黨幹事長以外，還包括了池田勇人（時為政調會長）、益谷秀次（總務會長）、緒方竹虎（副總理）、石井光次郎（運輸相）、犬養健（法務大臣）以及在野的改進黨總裁重光葵等，可以說顯赫人物俱在。但是這個案子，雖然逮捕過一百零五人，最後是以有田等三個小議員結案了事，因爲法務大臣發動了強權。這是一九五二年第五次吉田內閣時代，是在日本經濟已經復甦的背景下發生的問題。當時處理此案的檢察總長伊藤榮樹曾說：「按『處分請訓規定』，對預想有政治問題化事件，檢察首腦要頻繁的向法務大臣請示，並仰求指揮。」由此可知，日本三權憲法的實行，亦非盡善盡美。因爲這個「請訓規定」，不過是一九四八年，由法務廳檢察局發出的一道秘密訓令。現在是把它合法化，使檢察偏向行政一邊而已。

・洛克希德事件

前述「昭和電工」事件是由美國駐日盟軍掀起來的，「洛克希德」事件，也是由美國掀起來的。

美國洛克希德公司，在一九七六年爲了要增資，向證券交易委員會提出了海外販賣活動資料。該委員會在這資料當中，發現有二千二百萬美元的用途不明。在追查之下，知道有七百萬美元是送給兒玉譽士夫了，還有二百萬美元是送給小佐野賢治的。於是把這資料在美國上院聽證會抖出來，霎時間消息就傳到了東京，使整個日本政壇和有關商社震驚起來。

原來，這筆錢，是一九七二年九月，田中角榮和尼克森在夏威夷會談時，尼克森秘密的要求田中買些洛克希德公司製品，來減少日本的美元外滙的日增。於是田中透過丸紅商社選購了洛克希德的Tristar大型客機，準備交給「全日空」航空公司使用。丸紅商社向田中表示，可以從這裏得到五億日圓好處。田中也以「好！好！」接受了這個賄賂。事情張揚開了，與論萬箭齊發，田中下臺，三木上臺，還發生過姓鬼頭的檢察官冒名給三木打電話，說要查辦這個事件。頓使擁有一百四十名議員大軍團的「闇將軍」，鋃鐺入獄。牽連所及，丸紅商社、全日空的高幹隨之受難，兒玉和小野也搞得官司纏身，這事件，使涉案的，都落入了很慘的下場。

・瑞克魯特事件

瑞克魯特公司的向政界獻金，就已公佈的數字，達十三億日圓，多數提供給中樞有力政治家和四個派閥領袖了。這家公司的社長江浩，且得到政府有關部門的一個「委員」頭銜。這個事件的登場人物也是一流的：中曾根被國會「喚問」時，說他得到的股票，是秘書個人經濟行爲；竹下登爲此下野，還有個秘書自殺了。安倍晉太郎本可接任總理大臣，卻因牽連在內，坐失良機……。

瑞克魯特事件，也有向美國採購問題。那是在中曾根和雷根協議之下，買了美國超高速電腦四臺，名義上是由ＮＴＴ使用，但因轉售給瑞克魯特兩臺，ＮＴＴ的首腦從中得到了額外報酬（股票）。這個案子還涉及到文部省的次官以及其他官僚。日本執法機關對於官僚犯法，都繩之以法了，對政治家，只把一名在野黨議員與執政黨議員一名，來個「在宅起訴」和幾名商人遭殃而已。

日本除了上述極爲轟動的事件以外，還有對印尼賠償做了手腳事件（一九五九）、九頭龍水庫事件（一九六五）、吹原產業事件（一九六五）、第二次FX戰機選購事件（一九七七）、漢城地下鐵承包事件（一九七七）、道格拉斯事件（一九七九）、平和相互銀行事件（一九八六）、苅田町住民稅事件（一九八六）、共和事件（一九九一）等，都涉及政要，大致來說，除田中角榮以外，都是不了了之的一個結局。現在「佐川急便」問題，雖然鬧得很兇，關聯人物金丸信、新潟縣知事金子淸，分別辭了副總裁和民選知事之職，就是把事態往縮小方向轉變的開始罷。

一九九二年九月二日

日本政治家的政治資金與政治風波

日本的政治舞臺在國會，登上這舞臺的國會議員，要許多條件。其一是家世——政治背景，亦即人脈；其二是政治資金——錢的來源。試舉下列數字，便知後者，是多麼重要！

一個國會議員的年間開支，最少要一億四千萬日圓。因爲每個議員都在他的選區有後援會，有事務所。後援會是裏三層、外三層的，既有核心，又有外圍。例如「遺族會」、「軍恩會」、「大企業販賣網」等所構成的連線，都被運用到選舉的組織裏去了。通常，這類後援會的會員，都在兩萬人至十萬人之間（資格老的議員羣衆多），當然這要經費，更要「跑道的」人手，所以一個議員，除在議員會館的秘書（公設者二人）以外，還要自掏腰包私設許多秘書，來與他的選民保持關係，這要一筆龐大資金。

其次，遇到任期屆滿改選或中途解散了，一次參選的宣傳、運動資金，要五億日圓。日本在十年前就有「五當四落」的政治術語在民間流傳，意思是有五億的資金才能當選，四億就名落孫山了。五億，不是小的數字，所以日本的國會議員，平時要錢，選舉時更要錢。

那麼，錢從哪兒來呢？

第一，正正堂堂的是國會議員的公費，各種名堂算到一起，可以年收一千八百八十萬日幣。

第二，派閥領袖，對所屬派內議員，年間交付一千萬至二千五百萬日圓左右，這是就親疏遠近，因人而異來給的，不是全體一致。

第三，是利用各種名義舉行餐會，向各界攤派入場劵，搞好了一次可以收入一億、兩億日圓，或更多些。

第四，是來自企業的政治獻金。這項獻金，有的是個別的獻給某些議員，有的是獻給派閥領袖，還有的是獻給自民黨黨本部了（各黨皆然）。其來路，有明有暗，可以說五花八門。此外，黨員的黨費也是其中之一。

就是這個獻金，常出紕漏，它的合法與不合法，是很微妙的，看運氣好壞。一旦獻金團體出了問題（譬如逃稅或者倒閉），成爲「新聞靶子」，就得收拾一下。在收拾過程，顯得山雨欲來風滿樓的樣子，其實是半眞半假。因爲國會議員，非有「外財」不能當選；非有「獻金」成不了政治家。無論執政黨、在野黨，都是一樣，這是日本政治的基本構造。但是，關於獻金也有些含混不清的規定，明乎此，才好評論日本的政治風波。

關於國會議員「拿錢」合法與否，日本有個「政治資金規正法」。這洋洋大觀的「規正」法，第一是承認政治資金在政黨與其政治團體之間，可以公開授受，並說不能抑制國民自發的意志。第二是把政治團體規定爲由國會議員主宰的施政研究或政治主張的那些組織，可以接受各種「寄附金」。第三是說「寄附金」超過一百萬日圓者，要登錄其姓名、地址、職業。第四是對獻金額度規定：個人不得超過二千萬日圓，公司按資本額，限在七百五十萬至三千萬日圓之間。工會每一組織最多也是限在三千萬日圓以內。

從這些規定來看，國會議員接受獻金，是受保障的早已「正當」化了。因爲法律承認「政治團體」就是「資金團體」，所以每個派閥都有其三至五個以上這類等著送錢上門的團體。例如宮澤派的「宏池會」、「新財政研究會」、「政經懇談會」等；竹下派的「二日會」、「五日會」、「七日會」、「經世會」等；渡邊派的「新政調查會」、「近代政治研究會」、「昭和文化協會」等；三塚派的「清和會」、「福田經濟研究會」、「千代田經濟懇談會」等；河本派的「河友會」、「新政策研究會」……。此外還有其他類似以及分佈各縣市的團體。其中最大的是屬於自民黨中央的「國民政治協會」。捐給這個團體資金的，都是一流大企業的代表——石油聯盟、鋼材俱樂部、日本鋼鐵聯盟、日本汽車工業會、大阪證券協會、新日本製鐵、第一勸業銀行、三和銀行、住友銀行、富士銀行、三菱商事、日產自動車、不動產協會等。前年，這些企業的獻金，就達二百三十億日圓了。這，都屬合法範圍，因爲可以化整爲零的入帳，又可分別捐給幾個團體，化零爲整。

在這些手法之下，一九九〇年的政治資金總收入是三千三百七十四億，這是公開的，被允許的，向自治大臣作了收支報告的。其實，不止如此，因爲國稅局調查各大企業，用於交際費以及去向不明的錢，高達五兆六千億，其中寄附金是五千四百九十一億日圓，也就是有十分之一是流入政治家之手了。所以，日本的政治資金，一直是存在著「明捐」和「暗送」的兩種方式，這是公開的秘密。

如前所述，一個議員的年間開支要一億四千萬日圓。現在自民黨的衆議員是二百七十八名，參議員是一百十四名，合計三百九十二席，光是這些議員的在位最低維持費，年間要五百億日圓，遇到選舉或準備選舉，則全體要二千億日圓。不止如此，收買或餵著在野黨，也要大筆資金。千葉縣選出的自民黨極右派議員H先生，他在國會大聲叫說：「你們在野黨都拿錢了，還質詢什麼！」卻是，在野黨派沒人與他爭辯，也沒人說他毀損名譽。另方面，自民黨幹事長花多少錢，是從來不要收據報銷的。所以，日本的在朝黨與在野黨，看來箭拔弩張的，指手劃腳的，振振有詞的，在國會質詢，這也是半眞半假的演戲，如此這般的維持其政治生命，而政治生命又都離不開錢。

由拿錢引起法律問題的，戰後以來有過七次，但都是每次收拾一個，立刻結案，從未發生「一網打盡」的那種紀錄。因爲在現行的法律當中，要判斷政治資金何者違法是相當困難的。田中角榮從美國弄來五億圓，分給他的徒衆了（所謂洛克希德事件），如果美國不張揚，不抖出來，他平安沒事。但是抖了出來，這筆資金就變成行賄而來的了，犯法！現在阿部文男議員被起訴了，他雖然從倒閉的共和公司也搞了五億多日圓，可是起訴書只說有九千萬圓是利用職權，是不法而來，這個漫天風雨的事件，也正式宣佈結案了。佐川急便事件，充其量再收拾一個，再加幾名倒霉的商人，也會很快結案。因爲認眞的擴大，會影響政局安定，也會擴大到在野黨的身上，都會「見好」就好。日本雖然三權分立，但在行政體系中的法務大臣有指揮權。以前，佐藤榮作捲入造船貪污事件時，法務大臣說不必查，事情就完了。那時佐藤擔任幹事長，正是用錢的時候。在「法務大臣權限法」中，是把法務大臣當最高法律顧問來看待的，他有總括與國家有關的訴訟之權。例如日本在行政法中限制山林被地方分割，最高法院判決它是違憲；但法務大臣說限制分割，防其分散，是合憲！於是最高法院隨之改變了態度，這是明證。但，通常是備而不用，法務大臣很少介入，除了對國家造成相當損害，是不便發動強權的。

現在，自民黨藉這機會，出現了一片改革之聲。基本構造如此，改革甚難。今年七月，是參院改選之期，自民黨的席位會再減少。許多觀察家都說，參院選舉以後，會出現聯合政權，自民黨在控制佐川急便之類的事態擴大，因爲參院大選已爲期不遙了。

一九九三年二月二十九日

日本政壇的幾齣鬧劇

醜聞醜聞，清白清白
遺憾遺憾，下臺下臺
喚問喚問，制裁制裁
改革改革，慢來慢來

最近日本政壇發生的政治問題，可成四幕「鬧劇」。第一齣是由「佐川急便」的急成長、猛獻金，演出的「大曝光」。第二齣是由金丸信的辭職到竹下派的奪權分裂，演出了「大醜態」。第三齣是由「皇民黨」（右派組織）的蜂起到暴力團的介入，演出了「大褒殺」（假稱讚，實貶抑）。第四齣是傳喚、作證，改革、妥協，已可說是「終篇」，往後不知會再起什麼大風大浪了。

這個連續劇的主角，與其說是國會政治家，不如說是「佐川急便」在押的前任社長渡邊，是他在檢方不打自招的和盤托出了內幕，才有這麼多問題發生。渡邊的表現，使人意識到，日本式的「倫理」、「風尙」在變——各爲自己。棄卒保帥，切腹自殺的事，不再幹了。

現在，在日本國會演出的，應是完結篇——自民黨與在野黨，妥協在對金丸信「臨床詢問」並由竹下登出席國會作證的重頭戲上。因爲臨時國會要在年底前結束，把追加預算案通過，把「改革案」弄出眉目，大致也該收場了。各黨派在衆院預算委員會的集中質詢——對「佐川急便」事件、暴力團問題，已經告一段落，開始審議法案了。在這過程，是各有技巧的作了交代，也各有說詞的渡過了難關。

在所謂解明疑惑問題上，對竹下登的喚問，是在十一月二十六日午前舉行的。在滿篇對話之中，問得洋洋大觀，答得簡簡單單。首先針對「皇民黨」發難的，是社會黨高澤寅男，他一共問了「你見過稻川會會長石井進嗎？」等二十個問題，竹下的回答是：「沒有」、「事後知道」、「未聽說過」、「沒見過」、「不記得」、「在日程上未出現」、「在意識上是分開的」、「只是感覺上有些事實」、「沒有那樣臆測」等，作了二十個回答。回答的言詞不及質問的十分之一，在量上不成對比；但是不能說他答得少是過錯，因爲在一定時間內，可以再問。

以上，針對「皇民黨」的問題，沒問出所以然來，雖然也會找出矛盾。接著，公民黨的早川昭三議員也提出二十項質問，他是著重在「平和相互銀行」的政界工作上，當追及「金屏風事件」時，竹下說：「對畫廊、對金屏風，在做首相時參院就提出過，辭職後再調查，也沒把這些事情弄明白。」對其他各項質問，竹下也是不慌不忙的被測驗過去了。

竹下登，自要求他出席作證之日起，就未曾拒絕，他是有備而來，也表示了絕不辭職的決心，這從他的周到準備和忍耐的態度，可以看得出來。日本政治，從表面上看，有互不相讓的兇橫，也有裏面的彼此彼此，命運共同的因素存在。

日本政界一連發生的問題，繼一九九二年十一月二十六日竹下登過關以後，緊接著在二十七日，在小田原市立醫院，又對金丸信作了「臨床詢問」。問話的是自民黨籍的預算委員會委員長高島修、社會黨的日野市朗、公明黨的早川、共產黨的兒玉、民社黨的中野寬成等。金丸信的答話比較詳細，關於獻金，他說：「佐川急便的渡邊，讓我去取十億日圓，我拒絕了。數週後送來五億，交給了秘書生原正久。」關於皇民黨，他說：「周圍的人有些恐慌，我未在意。只有已故青木秘書和中尾議員有些焦慮……。那時（昭和六十二年十月五日），繼任總理大臣，是提名宮澤，還是安倍（已故）？尚未決定。可是中曾根拉著我的手說：『金丸桑，我一個人決定不了下任總理大臣，我們兩人來個決斷吧！』於是我感到這是竹下登的機會來了。」金丸信說了這些，是解釋沒有拜託「皇民黨」的必要，與否定和「皇民黨」之間的關係。

當社會黨議員松浦問及，竹下登作爲政治家該何去何從時？金丸信說：「竹下與五億日圓無關，與右翼無關，若說做了壞事，是我自己。」

從以上很關鍵的一些「證詞」來看，鬧得滿城風雨的政治問題，還是很「政治的」不落幕也得落幕了。雖然在野黨派，又提出了對竹下登的再喚問，並逼迫他辭職，以及其他要求，可是這一期的臨時國會日程有限，還有許多要案等待討論。看來在野黨派堅持不了太久。

日本現在面臨的是，經濟沉滯問題。企業，有百分之九十收益銳減，明年稅收有八兆日圓不足，景氣對策，也是只聽樓梯響，不見人下來。因爲財源沒有著落。

日本的政治改革，雖然把「公職選舉法」、「政治資金規正法」提了出來，要作些修正，並寄望日內通過，可是修正後，功能多大，還有疑問。因爲一九九二年十二月一日發表的政治資金有關報告，一九九一年一年的地方各縣市收入總額達一千七百二十八億日圓之多。加上中央的政治資金收入，是在三千五百億以上。這些是「規正法」範圍內被認可的。它不但未因發生問題而減少，反而較前增加了許多。所以改革，也改不到那兒去。

日本政治的基本問題，是如何擺脫壟斷性格，亦即如何解散派閥，「還政於民」，使成進步的開放性政黨政治——不是父傳子、子傳孫；也不是由後援會變相搞地盤佔領的；更不是密室的少數「誘導」多數的。那樣才能避免政治獻金問題的發生。可是，日本絕大多數政治家不願正視這些；作此想的，等於是未懂日本政治精髓。因爲他們有他們的「理念」——這樣做，使他們國家發展起來了；所有政策，可以一直線的幹到底。

他們認爲政治資金是花到政權穩定上去了，更認爲這是所有政治形態中，最好的方法——錢是爲養「政治兵」，不是爲放自己口袋。日本與其他國家，每個地方都有不同，不能以此例彼。日本政治家，是在「貪汚」裏有「建設性」，這是難解的問題之一。所以，現在發生的問題，雖然面子難堪，在心裏只覺得它不該爆發而已。

一九九二年十二月二日

金丸信「政治再編」的挫折

日本元老政治家，早已因案辭職的金丸信，自三月六日以逃稅罪名，突被逮捕以來，不斷的有各種傳聞和新事態的出現。日本檢方原擬拘押十天，到十七日爲止；現在又有延長監禁之說，因爲逃稅額在搜查之下，越來越多了。

到底金丸信搞了多少政治資金？手法怎樣？是不是飽入私囊了？言人人殊，不都是直覺的那些。

第一，金丸信承認了在一九九〇年，有二億日圓所得，隱未申報。這一筆由東京國稅局檢舉（是檢方命令），計漏稅達一億一千八百萬圓。因爲它的時效到今年三月十三日爲止，所以檢方就此作了起訴。

第二，在逮捕金丸信的第二天，經搜查發現了價值二十餘億日圓的債券。它是金丸信由日本債券信用銀行購入的所謂「割引金融債」（把利息在購買時從額面扣除，到期滿領其全額）。其中有些是在一九九〇年以前所購，已逾法律時效，有些是秘書生原正久名義（約四億日圓）。這位秘書在山梨縣是一望族與金丸信原屬世誼，不是普通泛常之輩。雖然都觸犯刑章了，責任區分不易。

第三，東京地檢特搜部與國稅局，到三月九日，從日本債券信用銀行及岡三證券公司等處調查，說又有四十億的金融債劵被搜出，並發現另有二十幾億的債劵已經現金化，錢的去向不明。

第四，這種調查正在進行，並意外的從金庫裏抄出大批黃金以及ＮＴＴ股票等財貨，整個算來，已有七十億日圓以上。

日本的政治力學，特別是派閥構造，是很特殊的。在田中角榮時代，他有一百四十人衆可供呼風喚雨；到金丸信時代，雖然只有一百十人卻也掌握了全局。無論田中或金丸信，他們長期地擔任支配角色，沒有金錢作後盾，是不可能的。那麼，他們的這些錢的用於日本政治構造之上，亦卽原先設計的政治結構是如此，所以政治領袖有那麼多錢，應該是免不了的。也正因此，日本的政治資金，在規定上不需繳稅，只要在一定額度之內曾經入帳。當然，這次金丸信的紕漏是出在資金的運用和保管，都是封建式的，所以一揭底牌就完了。

這次揭底牌的結果，可以說揭出了一個最大的秘密——一個大派閥領袖的政治成本，要七十億！以七十億支配日本政治，其成本是低廉？還是代價太高？姑且不去管它；但是要維持這種費用的不可或缺，並去運用它購買黃金、債券來保值、來生財有道，卻成爲是理所當然的了。

至於這些錢是怎麼來的，現在檢方正在追究。已知道的是，金丸信曾任建設大臣，所以建設業和他淵源很深。例如由四百家建築公司組成的「建信會」，擁有八個支部，每年分兩次有「上納金」的提供，此外屬於後援會的「久親會」，也是資金來源的管道。金丸信先生的金脈是很廣的，不虞匱乏。如果不是東窗事發，他可支配日本政治一個相當時期，這從已發現的資金力，可以看得出來。因此他雖然辭職了，仍與派內部舊保持來往，另方面在他選區的事務所也照樣活動著，並準備在明年二月衆院大選時，捲土重來，因爲地方人士在勸進。他自己也想不到會有這樣事情發生。

金丸信的這個遭遇，有幾個原因。其一是他有個壯大的「夢」——一直想把社會黨支解，把自民黨改造成一個更「前進」的新黨，雖然他已領袖羣倫，仍不滿足。其二是在他的政治藍圖裏要扶植小澤一郎等，使成大氣候。可是這個得意門生在四十歲出頭就當上了幹事長，又出任了竹下派的會長代行以後，有些驕橫起來，並引發了竹下派的分裂。就是這個分裂，使金丸信在「大夢」未成之前，先落了馬，因爲失去了對日本政治的控制力，所以麻煩接踵而來。

金丸信為何不安現狀，要培養小澤，搞政治再編呢？對於這個思想，一說是對右派的大整合。金丸信提倡這種整合由來已久，由於各種醜聞的不斷發生，政局動蕩不安，雖然備妥了資金，儲勢待發，偏偏沒有機會。他早前曾說，他甲府的私有土地能賣一百億日圓，把它處分了，可以實現他的「夢」——搞個右派新黨。此刻在東京「小菅拘置所」監禁的金丸信，也對他的律師剖白說：「我的這些錢，不是為了自肥，是為將來的『夢』」。由此可知，金丸信的入獄，不是單純的逃稅而已，還另有其他隱情。

日本評論家持這種看法的也不乏其人，並直指金丸信要收買的三十五名議員，每人少不下二億日圓，因為非拉過三十五名同道的，對小澤的未來構想起不了作用。這是日本政治力學的特徵。

現在金丸信直系小澤一郎，不但靠邊站了，而且硬著頭皮說「金丸信的行為，是不可原諒的」，這眞是絕大諷刺。政治就是這樣轉眼無情。

這裏値得重視的，是金丸信的「夢」，到底目標何在？為什麼高高在上的不滿現實？這問題比較複雜。

第一、他自己握有的大把鈔票，既不是薪水所得，也不是勞力賺來的，是一些「外財而已」。既然這樣，他沒有反貪污、肅清不法的那些改革意識存在，是自然的。

第二、日本的政策推行，因爲自民黨一直佔有多數，也談不到阻礙，所以金丸信與小澤的政治再編目的，不是內在的，也容易明白。

除了這兩點，如果說金丸信「儲資」待發還有什麼目的，那是要一個帶動一億二千萬一致對外的有力政府，該是可信的目標。卻是在現代國際社會與現代教育環境之下，他一直到倒臺也未得到施展機會，失敗又是宿命的一個結果！

一九九三年三月十七日

日本暴力團的介入政爭

現在（一九九二）日本政壇，繼五億圓事件罰鍰以後，一波未平，一波又起——暴力團介入政爭問題，成了新的焦點。

日本暴力團是怎回事？

日本暴力團——YAKUZA，《廣辭苑》裏說：「三張牌的點兒，如果出來八、九、三，等於二十，是零——輸家。八，讀YA；九，讀KU；三，讀ZA，放在一起讀YAKUZA。俗指整合不起來的事或沒有用的東西，又作無賴漢與不良之徒解。」實際，日本的YAKUZA，是侍者、武士的變型，歷史很久。現在所說的「暴力團」，是後來加的法定名詞，YAKUZA，才是習用的稱呼。其來源，可以追溯到一六〇四年德川家康統一島國時代。那時，內亂告一段落，有五十萬士兵以及有武術的勞動者突然失業，流落四方。因爲生活無著，漸向都市村落流竄，搶奪滋事，不一而足。其中，戰敗的一羣，且大多落草爲寇了。日本電影裏的「七人傳」，就是描寫當時的實態的。

可是在都市，爲了和這些流竄而來的「旗本奴」（將軍手下的戰士）對抗，又有「町奴」（市街俠客）的興起。這批人是由店主、學徒以及手藝人等組織起來的。因有職業和經濟力量，不但組織嚴密，行動式樣也不遜於「旗本奴」，所以很快的就成爲一羣「英雄」了。這些「英雄」既在城鎭得勢，也開始包娼包賭，到十八世紀形成了強大的犯罪組織。這早期的俠客，是現在暴力團的始祖。

在十八世紀，日本的封建社會，講究師傅徒弟、君主家臣，是父權——親分、子分制度。這個制度也由 YAKUZA 維持到現在。任何反抗，都會遭到嚴罰——處死或「破門」，其次是「切指」。把小手指自關節處切斷，用布包起，恭謹的交給「親分」，以誓忠誠。據日本警方調查，在 YAKUZA 之中，有百分之四十二切掉了小指，亦有犯規被切兩次的。

日本 YAKUZA 的另一特徵是刺青。刺青在日本，原來是由政府對不法者的一種懲罰，卻是在 YAKUZA 之間成爲傳統標識了。這種在人體刺青作業，通常要忍痛的搞一百小時。又據調查，YAKUZA 的百分之七十三，身帶刺青。其目的，一是表示有耐力，二是表示與一般社會有區別。此外是走路擺肩橫搖，使人望之生畏。

以上所說的日本 YAKUZA，亦卽暴力團，共有三千三百零五個組織，八萬八千二百五十九人。這是一九九一年日本警方的統計，實際不止此數，約有十五萬人左右。其中，山口組、稻川會、住吉會等三個團體，勢力最大，共有四萬二千六百二十二人（轄有一千六百六十個組織），占日本暴力團全體的百分之四十八點三。

只是山口組，就在日本各縣市有九百四十四個組織，組員有二萬六千一百七十名，居暴力團之首。山口組在一九七一年曾鬧分裂，有一部分脫離，另結「一合會」獨立起來了。可是從此互相殺伐，不斷地進行抗爭，直到「一合會」解體，又被山口組收編回來，從此也吸收了其他團體，擴大了勢力。日本暴力團，有區域性的與全國性的，山口組與稻川會，是全國性的最大組織。

這些暴力團，既搞販毒、賭博，也介入民事和大企業的經濟活動。例如土地買賣、租賃糾紛，他們插手其間；交通事故私下和解，插手其間；大公司的股東大會，插手其間；更不說花街柳巷，買春賣春那些行業，都有暴力團混跡其中了。據警方調查，只是涉案債權方面的，年達兩萬二千餘起。此外也經營地下錢莊、高利貸與變相的公司行號。更與右派結合，搞社會運動與政治運動。這種右翼運動，在一九八一年就有兩百個暴力團出來支援，並美稱「任俠右翼」，招搖過市。還有以國會議員爲顧問的團體。在長崎市，以前也有以最高票當選爲市議員的暴力團員。

在相當時期，日本有關方面，對暴力團是抱縱容態度的，因爲暴力團，都是右派的右派，符合反共政策，以暴力團來壓制左派，認爲是有效的方法之一。這是美國學者研究的結論：說以日本警察的能力，消滅暴力團是簡單的事，卻是沒有這樣來做，認爲這是日本政治構造上的問題。

在這情形下，日本的暴力團，有逐漸國際化傾向。最近日本警方在新潟海關加強了巡查戒備，因爲日本暴力團用日本中古車去換俄國製的手槍等輕武器。新潟，是日、俄之間通商最近口岸，在這裏已有非法的交易在進行。此外，日本也報導了有關暴力團在臺灣的活動情形，說有別動隊的編成。在一九九二年四月二十四日，《讀賣新聞》刊載了臺灣十六歲少年，被暴力團認領爲養子帶到日本後，受虐待的經過。這證明，日本暴力團的無孔不入。美國和日本已有「暴力團對策會議」的組織。兩年前，在東京舉行過由東南亞、韓國、香港、美、澳、加各國代表參加的「亞洲地域犯罪組織研討會」，意在加強防範。特別是自一九九二年三月，日本有取締暴力團的法律產生，使暴力團的活動受到某些限制，因此向海外發展，較前增多了。

日本開始修理暴力團，是因爲這股惡勢力過於膨脹，已經到了可以威脅政治運作程度之故。其中最顯著的，是竹下登在一九七四年十月登臺之際，接近暴力團的「皇民黨」利用各種手段進行反竹下活動，於是有稻川會的介入，條件是要竹下到田中角榮那裏去道歉。竹下照辦了，卻是田中不准進門；這在當時，所有新聞界，都不明原因。現在揭開謎底——暴力團從中作祟，不免構成了重大問題。

暴力團介入了政治，也是政治培養了暴力團；這是日本文化原型。

一九九二年十月二十一日

日本的行政改革與文官制度

英國政治學者派金森曾下定義說：「公務員無論工作重輕、期間多久，人數會有一定比率的增加，爲了節約和效率的維持，必須時有改革。」各先進國家，對此非常重視，因此美國在一九一〇年就有「行政改革委員會」的機構了。日本自伊藤博文內閣訂下官箴以後，到戰敗爲止，在四十五任內閣之中，有十七位總理大臣，進行了一次或多次行政改革，諸如桂太郎內閣發起的政務調查會，第二次西園內閣的臨時制度整理局，高橋內閣至加藤內閣的行政整理準備委員會，田中義一內閣的行政制度審議會，濱口內閣的行政刷新委員會等，都是日本行政改革的檢討機關。戰前是如此，戰後更未放鬆這個工作。吉田茂在昭和二十四年（一九四九），一舉整頓了十六萬五千人，並導入了美國科學管理法，這是日本行政改革的大手筆。此後到了池田勇人當首相，他說：「民間企業已經效率化、近代化了，技術革新已有相當進展了，行政組織如不隨機應變，將無法全面邁入新境界。」於是成立了「臨時行政調查會」（通稱第一臨調），並首先對政府營運，研擬了合理化對策。沿此方向，在佐藤、福田、大平內閣，且有「第二臨調」的出現，目的不僅是對中央官廳，在地方也設立了各種審議會，並擴大到公社、公團等公營機構的改革了。

大致來說，日本戰後的改革，可區分爲：⑴新憲法實施後的改革，⑵金山和約後自主體制下的改革，⑶以高成長爲背景隨社會需要的改革（第一臨調），⑷安定成長期配合社會需要的改革（第二臨調）。所有這些改革，都在「分配」、「結合」、「調整」上，下了工夫，以確保行政的統一與效率的提高爲目標。就分配來說，是指事務、權責、機構的細分化；就結合來說，是就分配既定者進行指揮監督。但是分配乃至執行監督，裏面有矛盾和爭執的問題存在。例如在「第一臨調」的報告裏，且提到各省廳之間，存有割據主義，所以最後出之以調整。日本是基於這種程序，來實現行政改革的。

日本行政改革的原動力，是在內閣。內閣不動，他們是做不了事情的。

行政官廳，是政府的代名詞——由中央到末梢，這些行政體，既關乎到國民的幸福，也關乎到政績的得失。這第一線的日本公務員，由中央到地方，共有四百五十萬人，如果包括公營事業，則爲五百零六萬九千人。其中，國家公務員（中央）不到地方公務員的三分之一，前者約百十八萬八千人。到過日本的人士，都知道日本公務員的效率不錯；效率的高低，還不能只從表面的服務態度，遽下結論。估以日本公務員（中央與地方）和英國、法國比較，是：日本每千人之中，公務員佔四六點三人；英國是每千人之中，公務員有一〇五點四人；法國是每千人之中，公務員有六七點四人（都不包括國防方面）。由這裏概可看出，在先進國家，日本公務員的工作量，是相對的高出許多。又，就日本公務員在總人口所佔的比重來說，僅及百分之四點五，這與其他國家的佔到一成、二成來說，已是一支強勁的隊伍。因爲日本在「公務員法」的第七一條，規定了「效率基準」；更不用說一進官廳就得宣誓：「我爲全體國民奉獻，爲了公共利益，必須忠勤盡職，遵從憲法與其他規則以及上司命令……。」的嚴格要求。

此外，日本公務員，有一套文官制度；制度的建立，離不開考試。

依日本「國家公務員法」進行的考試制度，在一九八五年曾有變動。它是把以前的「上級甲種」（高等文官）改爲「Ⅰ」種，把以前「上級乙種」和中級公務員改爲「Ⅱ」種，把初級的改爲「Ⅲ」種了。

一般公務員考試，由人事院直接辦理。特殊公務員，例如航空管制官，則由特定官廳辦理。又，在前述一般的「Ⅰ」種考試中，按在大學專攻分野，細分爲二十八類。合格者，由人事院向各官廳推薦分發。大致，這些人馬，就是日後中央各官廳的領導班子。因爲參加

「I」種考試合格的，都是來自全國著名大學出身，每年錄取一千四百餘人。

東大、京大出身的占多數，這些「秀才」，維持了日本官僚制度的傳統精神。至於第「II」種公務員，大多是派在會計檢察院、地方建設單位，作爲中堅幹部；起薪較「I」種爲低。

第「III」種公務員，是從各單位末梢開始服務的，無待多贅。

「I」種公務員，通稱有資格者，他們一進入中央官廳，按期晉昇，是受到相當保障的。這些考試合格的有資格者，平均每年錄取千餘人，十年就是萬餘人，所以，中央官廳自然的集合了東大、京大……菁英。人才在朝，次等的在野，也就無虞政權旁落或者在野黨造反了。

「II」種和「III」種公務員，不算有資格者，在中央官廳，是一生也熬不到個課長幹的，最多是到課長輔佐爲止了。第「III」種是連個係長（股長）的份兒也沒有，至多是到上級係員，就該退了。由這裏也可以看出，江戶時代的「身分制」，還多少表現在官制裏面。

另一個特徵是輩份。幾年期進來的該當何職，幾乎是有固定的層次和路線，上級係員——課長輔佐↓秘書官↓課長↓局次長↓局長↓省級官房長（相當部會的主任秘書）順序下來，運氣好而又能幹的才有次官希望。各省事務次官，是日本官僚中的最高職位（大臣要國會議員出身），其影響力，可以及於政策的決定。

無論怎麼民主自由，日本的這些官廳是管理人民的，則沒錯。管理的方法，除國會通過的法律之外，是政令、省令（部令）如牛毛。又在省令之下，還有由次官、局長、課長名義頒布的「通達」。這些行政命令，有幾册電話簿那樣多，功同法律。

爲什麼日本的「行政指導」通行無阻？在國際間造成問題？在日本憲法第七十三條內閣的權力中，規定了「爲實行憲法及法律規定，可以制定政令。」就是這樣巧妙的抓到了法源，所以搞得政府的權力無遠弗屆，無堅不摧！

日本也是科員政治。但是，他們的科員，是各就自己職掌，直接依法處理公務，因爲某事該當如何？都作了細密規劃，絕對不要簽呈、核稿的那些過程，都可站在自己岡位上獨立作戰。管理者是法規和制度，不要中間掣肘的那些組織。我們一到區公所，無論是要納稅證明或印鑑證明，再麻煩的也是三分鐘完事。這裏值得一提的是，在日本各級學校，都沒有人事室、主計室那類單位之設。人事、經費乃至修繕，都歸區或縣級政府的教育委員會統籌辦理。校長沒有人事權，更無經費獨立之可能。他的責任是好好辦學。這是日本教育行政的最大特色——清清爽爽殊少貪小失大，污染教育那類事情發生。

日本的行政史，可以說是一部「改革史」，先有制度，再使制度嚴密——嚴密得在任何機構裏沒有「閒人」。在這方面是「剛性」的、絕對的。日本在德川幕府時代，也是強人政治，但是明治維新後，脫胎換骨，一舉成功了。其關鍵一如著名社會學家韋伯所說：「在支配類型上，有傳統支配、魅力支配、合法支配，後者的效率高，持續久。」日本，就是把全國國民置於「法的支配」下了，因此，產生了持續性有高度效率的官吏，和有權有能的政府。要之，是法令和制度的完善。

一九九三年三月四日

日本警察的效率和功能

一

昨（二月二十一日）晨起來之後，打開電視，立刻映出來一個鏡頭，是臺灣街頭暴動。在畫面上，警察奮不顧身的，迎上前去，揮舞警棍，把暴力分子驅散於四方……。後來的結果，不知道了，因爲日本NHK，只報導了這麼一個片段。由這片段來看，國內的警察，執法精神不錯。

上次在臺北參加亞洲作者會議時，我的編者朋友，囑我寫篇「日本的警察」，回到東京就忙，可是這個任務未曾稍忘。由於日本電視出現了臺北街頭暴動畫面，我想這篇稿子不能再拖了，也許它能有點什麼借鏡。

二

差不多在十八年前，我初到日本時，三天兩頭，就有示威羣衆，大隊人馬出現眼前——那時，我殊少注意日本警察形象。有次，我去時事通信社，在日比谷大街交叉口，被遊行示威羣衆擋住了去路，兩傍不僅戒備森嚴，街角還停放著大型帶有雙層鐵網、插翅難飛的囚車多輛；卻是車內沒有被捕人犯。因爲，示威遊行的羣衆，有人吹笛帶隊，隊間又有搖旗吶喊維持秩序的二管。整個隊伍前呼後擁，彎腰蛇行，拉緊互不鬆脫。遇到紅燈，立刻停住（紅綠燈的變速，由警察現場指揮，不似平時的自動化）；這情形，在以前已經司空見慣，一無稀奇可言。可是，那時，我曾細心地觀察一下警備人員的護身配備，是鋼盔、護面（透明體）、鐵手、臂甲四寶裝身。與古羅馬戰士不同的，除腰間的盒子砲（手槍）之外，是每人上裝口袋有一具無線通話機。我特別把老花眼鏡往上推一推湊前一看，這個鐵手，可眞十分精巧結實。鐵手不是攻擊武器，它和臂甲相連，由肩至指，貼在外層，既不影響屈伸活動，又不影響美觀，任憑棍棒襲擊，傷不到筋骨要害。警察頭部、臉部、兩臂、雙手，有此屏障，安全性大增。所以，應付任何暴動事件，警察很少有受傷住院的，他們認爲那是莫大的屈辱，是形象的蹧蹋。

從日本警察裝備來談日本警察，還是很皮毛的。但是，在日本民間專門研究警察的幾乎沒有；官方文件，或議會質詢，派不上用場（在歐美有些大學，設有警察研究講座）。雖然如此，瞭解日本警察，並不困難。我們一位常駐日本警視廳的日本新聞記者朋友，提供了我很寶貴、很內幕資料。

三

日本警察組織，不像我們國家那樣淸晰易見。因爲它的表裏很不一致。讀爛了有關警察立法，還是難明眞象。像日本這樣一個法治國家，怎會表裏不一？說來並不稀奇。人們都知道，在戰前，日本警察惡名昭著，談起來令人毛骨悚然；戰後不得不進行改革，把天皇的警察一下子改歸自治體了（各縣市單位）。於是，在中央及各自治體，有一公安委員會之設，用來表示警察不再隸屬於行政部門，另有超然系統，不像戰前那樣恐怖可怕。因此，公安委員的產生還有些限制。諸如在任命前五年間未曾擔任公職以及未曾作姦犯科等，才合條件。由中央的公安委員會成員來看，其中有學者一名，輿論界出身的一名，其他是由司法界退休的以及商界人士組成的班子。委員長，通常是由自治大臣兼任。這個經國會同意，由總理大臣任命堂而皇之的警察中樞，卻對警察的活動沒有指揮權，議論也限於某些範圍，實際是個形式的存在；雖然如此，對這委員的遴選，極其愼重，愼重到警方對這些人選有過暗中否定的紀錄。特別是委員長一職，歷任都是自民黨有名的鷹派人物。由此可知，日本警察，在表面上是中立的不屬任何黨派，實際和執政黨一個鼻孔出氣的傳統，未因任何公安委員會之設，或改歸自治體節制而有不同。

那麼，日本警察在這自由空氣很濃的社會，而且基本上是限制它成爲警察國家的情形下，是怎樣的拋開法律的拘束而發揮其無比功能的呢？這要從日本警察本身的建制和行爲學來加認識。

改歸自治體的日本警察，在法制上，自然都是自治單位的附屬品，各對民選的自治單位負責，不再由中央而地方作統一指揮了（改革的基本精神在此）。但是，位居中央的，有個不大爲人注意，主管全國警察行政，諸如預算的編列和人事調動的警察廳。談到警察廳，許多人還和一字之差的警視廳相混淆，我原先也以爲是一而二，二而一呢。實際不是。

警察廳的所在地，雖在警視廳的緊鄰，卻不像警視廳傲視著東京那樣惹人注目，一些胸前配有NPA標誌的職員，是在人事院的三、四、五樓辦公，本身既無警車，亦無手銬，更無拘留所之設，它的隱秘性，幾乎連計程車司機也找不到。但是，這擁有五局、一部、一官房長和二十九課、一公報室，外轄警察大學、科警研究所與皇宮警察本部的警察長官，他是不折不扣的日本警察總司令；雖然在警察法中，他對地方警察沒有監督和發號司令權；雖然地方警察包括警視廳（東京地區警察總局）在內的任何執法上的過失，他不負直接責任，可是實權在握。

警察廳的所以能掌握實權，一以人事爲砥柱，二以經費爲槓桿，這是一開始就設計好了的。是當年避開盟軍總部視線而設計的。這完好的設計，後來是以「施行令」出之，不需任何立法變法手續就達到目的了。這類行政命令，頗能補偏救弊。以此表現在警察預算方面的，是中央負擔各都、道、府縣「警視正」階級以上的人事費。「警視正」以上者，是包括了各地區警察署長、本部長以上人員。具有這種階級的，日本共有八千一百六十人。這些人的薪資，由中央核發，故稱國家公務員，亦即「國警」；等而下之的所有警察官稱爲地方公務員，亦即「地警」，共有二十萬六千七百五十人，其人事費由地方負擔。日本警察的總編制，包括三萬零三百文職，一共是二十四萬人。這支勁旅，由中央負擔的經費爲五百七十二億日圓，由地方負擔的爲一兆五千九十三億圓。由這公開的數字來看（尚有不公開的），中央雖然出錢不多，卻牢牢的控制了警察樞軸——八千一百六十名重要幹部的升遷調遣和任命。

四

日本警察的階級，由下而上，分別是巡查、巡查長、巡查部長、警部補、警部、警視、警視正、警視長、警視監、警視總監等十級。其巡查長，不是正軌法定的，是因爲有些巡查日以繼夜的幹了四十年，還熬不到個「長」字，便屆退休之期。有個警察家眷以此向當局陳情訴苦，才得到了法外施恩，在一定條件，給個「長」字。這個看來很有人情味的措施，說穿了是鼓舞士氣也；但薪水不加。

站在治安第一線的這些巡查的採用，是很嚴格的。它與大學招生辦法不同——素質不夠，任缺不濫；亦即不硬性規定名額，是精兵主義，有幾個精英算幾個。因在東京時常看到警方張貼的：「何不振臂而起，國家正需要你」之類的海報。面對這些動人的廣告，看來輕鬆，進去嚴重。先是經過各種身家調查，祖宗三代有沒有做過壞事，然後再作學科測驗，錄取之後，送進合宿（住校）的警察學校受訓。高中畢業的受訓一年；大學畢業的受訓八月。教育內容，分一般教養、法學、警察實務、術科等。雖然規定年間受課時數是二千一百五十四小時（平均每日六小時），但緊迫的程度，幾至沒有用膳和入厠的時間，用以鍛練耐力。不僅是大學法律系三年的課程要在一年修完，還有交通、通信、搜查、鑑定以及特殊警備、職務質問（見有可疑者攔住問話）、急救法、擒拿術、汽車駕駛和實彈射擊。一切都通過後，送到分局實習。實習半年，再返原校補加訓練，矯正缺失。經過回爐燃燒及格，才正式任職。對這些初出茅廬二十幾歲的年輕警員，雖然都已手槍、手銬等刑具在手，武裝起來了；卻是不許單獨行動。必須隨同前期畢業的老手出勤，愼重有加，怕丟了警察的信譽。

値得一提的是，在二十幾萬警察當中，柔道上段的強手有十二萬七千人，劍道上段的有十一萬五千人。這並不代表他們的成果，但有一點，他們在接受警察教育時，是十個學生有一專任敎官，這敎官和學生起居飲食與共，對學員作入骨的考核，絕無半點形式化，無論誠實度、機敏性和生活習慣，都得達到「特需」的素質。要之，在判明他是不是個警察的料子；所以，中途退學的、淘汰的爲數極多。

畢業學員由巡查幹起，品能俱優而又官運亨通的，昇到「警視正」爲止了。普通是官至「警視」（卽分局長級）就已很了不起。高級幹部，則是另有來頭；戰前幾乎是由東大的秀才包辦；但也不是只有學士頭銜便可。須在就學中卽高等文官考試及格，一經當時的內務省採用，三十歲卽可出任縣警本部長（警察局長），四十歲就可登上縣知事寶座。那時期，幹部出身帝國大學，其他受中等敎育者居多，是截然不同的階級，連厠所和廚房都是分開的。

戰後，日本警察的傳統，一直受到特殊重視，只是自東大發生學潮後，以東大爲中心的勢力，已見薄弱。較早的統計，在四十七都、道、府、縣中的警察首腦，東大畢業的有十五人，其他國立大學出身的有九人，以法律系著名的中央大學，有七名任官，餘者莫不來自著名學府。

現在，日本政府對警察人才的羅致，並不比戰前馬虎：一要法學部出身，二要國家公務員高級職考試及格（卽以前的高等文官），三要通過警察廳的口試，四要經得起嚴重的人物考查。與戰前不同的，是給予平等競爭機會。合格者送警察大學深造六個月，一畢業就是「警部補」。由見習開始，以後就平步青雲了。三十左右，外派卽任地方署長或縣警本部搜查課長，這些人是日本警察的中堅份子，是現在和未來的國家安全支柱。

五

日本的警備總部——警察廳，其內部作業，除分層負責各有所司之外，是各種會議頻頻。每週一，是課（科）長補佐會議；週二，是局議（課長會議）；週三，是廳議（局長會議）。廳議決定事項立刻通達全國警察。接著在禮拜四，有由國家公安委員會與各省廳（卽中央各部會）次官舉行的聯席會議。這個會議，要在聽取警方情報，並對凡百施政作出決策。然後把這決策要案，提出於在每禮拜五舉行的內閣會議。內閣各部大臣，是照這些決策行事而已，所以半年一換大臣，任何內閣垮臺，也不影響行政運作。整個來說，日本警察，是上下貫通，縱橫交錯的，無微不至的掌握治安動態。這是上層結構。

在基層的佈陣如何呢？分佈全國的一千二百零九個警察署（類似分局，不稱分局），是步步爲營的前進指揮部。指揮部內晝夜燈火通明，隨時處理偶發事件。在這之下與民相接的，有五千八百七十八個派出所；此外還有九千七百四十四處分駐所和執行特殊任務的一旅來福槍部隊。由此可知，日本國民每五百六十人，即有一名警察保護或監視之。在各地警察署，有管區居民資料卡，儘管警察不進民宅（進民宅犯法），但每戶的人口動態，一清二楚。另外，大街小巷都有「防犯連絡中心」。這外圍佈線和警察之間的默契，猶如一個球隊的球員，非常得心應手，任何事件發生，不出三分鐘，警察應聲而至。這行動的敏速，與裝備的近代化不無關係。日本警察的裝備，除本文開頭所述者外，就其大者言，是擁有機動車輛一萬九千輛，水上警備艇八十九艘，直升機二十二架，以及防爆防彈車輛若干，其他警犬無算。現在這些設備，正在更新增加中。

警察是公權力的行使者，是法律的化身，任何「打不還手，罵不還口」的說法，是過份的讓人笑掉大牙。這種言論的不及格，也就不在話下。日本警察，由總理大臣到流氓幫派，無一敢與挑戰，他是執行法律。法律給日本警察的權限，及於領土內的任何人。這一點，由明治維新迄今，無所改變，只是現在較過去更爲高明，更爲科學化了。說日本警察權限大，不止是對老百姓的攤販以及停車違規之類，日本歷任總理大臣，都有一名不拿皮包的秘書官，是警方派去的。閣僚以上的要人，也有由警方指定的隨從。前者是爲安全上相機進言，後者的使命在瞭解其言行；這注意力，也包括軍方。幾年前，警視廳公安部突然逮捕了自衛隊兩名士官和一名退役准將，並將自衛隊進行了搜查，使數名要員丟官，更不說逮捕田中角榮之舉，令人喝彩了。所以，向警察說項？打個電話把人放了這類事，在日本是不可思議的，百年來沒這種紀錄，因爲那是自投羅網的犯法行爲。

六

最後說這擁有一千一百七十萬人口的世界最大都市東京，警察的工作十分吃緊。無論理論上或事實上，人口越集中的地方，治安越不好維持。七百四十二萬人口的紐約，擁有警力三萬人，而東京比紐約多出四百二十萬居民，警察的編制不過四萬四千人；前者是二四七對一，後是二六五對一（居民和警察的比數）。顯見東京的警力比紐約爲少。可是就治安情況來說，東京安泰多了。數年前，國際刑警機構，對倫敦、紐約、芝加哥、洛杉磯、巴黎、布魯塞爾和東京等世界七大都市，作過罪案調查報告，各以十萬人爲單位，所列「強盜犯」的犯罪率，依序是紐約九九七、洛杉磯六二七、芝加哥四八四、巴黎四七九、倫敦九二一、布魯塞爾八七，而東京是四。其他各項如強姦婦女、殺人等犯，也是東京最低。爲什麼人口最多的都市犯罪率相較之下很少？這不能以人民守法來作簡單解釋。因爲在同一報告中，也說明了先進五國：日本、西德、英國、法國、美國，警察的破案能力——日本是七八％、西德是五四％、英國是二九％，法國是二七％，美國是二五％。由此可知警察的執法精神，與罪惡減少，是息息相關的。

負責東京治安的警視廳，座落在國會和皇宮之間，是經得起地震砲轟的那種堅實建築，雷達設在屋頂塔尖，內部構造早已機動化電子化。在警視總監之下，有總務、警務、交通、警備、警羅、公安、刑事、防犯等八部（部下分課）和附屬警察學校一所。轄下除各區的警察署以外，是在各要道，各遊樂場所，各車站附近，都有「交番」（佈防的警亭）。就是這個「交番」制度，美、英、法都曾派來幹員研究，它的功能，無與倫比。因爲任何容易惹事生非的地方都有「交番」警察站崗，吹個哨子，流水般的車輛，指指有問題的，得立刻停住，沒有一個敢於強辯或不服從。多厲害的人，在警察面前乖乖的。但是日本警察絕不擾民，有行爲不檢的，立刻嚴處，由上到下謝罪，上級幹部且有爲此殉死自殺以謝國人的。

不要說日本人是守法的民族，那太一知半解。日本的黑社會有七大團體，九百零八個組織，頂著天照大神的牌位，每年販毒、走私、恐嚇、包娼賣春，年收可達五百億日圓。此外，左翼右翼包括共黨在內的各種組織，還有工會，時常興風作浪。可是日本針對這些，訂立了「破壞活動防止法」（通稱「破防法」）。立法的意旨是：凡是涉及破壞活動的，例如搗毀門窗，構成犯罪，警察立刻逮捕（不必經告訴那一套）。又，日本把我們所稱的「流氓幫派」，統稱「暴力團」。流氓，未必都是罪犯，構不成法律問題；暴力，則是明確的犯法——打人耳光，老師在學校體罰學生，警察可以隨時逮捕。所以，警察的權力，警察的任務，爲警察所立的法律，規定明明白白。日本社會秩序的建立，不外如此。

日本政治的變革與其走向

日本每發生一次重大事件，都有一陣政治改革之聲，高唱入雲；但是政治改革，涉及政治家本身權益，推行起來並不容易；它不像行政改革，是居高臨下的，說辦就能辦到。但是，日本的政治，雖然在構造上——金權體制、地盤體制、派閥體制，已經積重難返，卻是面臨了不得不變的變革期。特別是在危機來臨時，日本的可塑性與應變能力是很大的。

日本的政治改革，有幾個方式：

第一，是把金權政治怎樣解消？解消金權政治的方法，他們想到的是把選舉區縮小。小選舉區制度的好處，不外是每逢選舉活動，在驅策可及範圍內進行，可以節省許多宣傳、集票與拉攏上的人力和物力，認爲這樣小地盤制，不要太多錢，可以脫離金權政治。

但是明顯地，小選舉區制，是對強勢的執政黨有利，對力量本已微弱的反對黨不利。因爲小選舉區不僅容易掌握在政府手裏，也容易掌握在土豪劣紳手裏，不難成爲世襲狀態。正因如此，自民黨主張多年的這個改革案，未能實現。

第二，說是要從「政治資金規正法」下手，把政治家的資金來源透明化。日本在戰後第三年頒佈的，共有三十八條的這個法律，一開始就是曖昧的給政治家拿錢方便的一種法律。如果說這裏有什麼限制，至多是規定了額度和入帳的手續。雖然條文裏有那麼一句話，但是對違反者的處罰，不過是五萬、十萬、二十萬、三十萬日圓的從輕發落；爲此而遭到禁錮的，更是少之又少。日本人也很會文字遊戲，「政治資金規正法」的「規正」和「歸正」（歸於正當）沒有太大差別，是很寬大的政治家給自己的立法。相反地對人民，則用「規制」兩字，用來達到「限制」之目的。

日本的政治改革，除了要實行「小選擧區」制與「資金來源透明」化以外，最近還有「總理大臣由選民直選」的呼聲。

「小選擧區」制的毛病，在於小範圍內的選民更容易收買，利未見而弊先生。「資金來源透明」化，因爲它是用於政治的，也永遠脫不開政治的手法，儘管把罰則加重，到頭來因政治需要資金，也只有鋌而走險。至於總理大臣由選民直選，這既涉及憲法規定，也涉及政治制度上的許多問題。何況日本現代政治，不止是制度缺陷，還有政治倫理上的——由資金、利權、選票的提供，形成並擴大其支配集團，政治家不僅承認它，而且投入這個現實裏，是所有問題的中心。亦卽派閥政治，經過四十來年的運行，似乎在這「政治風土」上，出現了破綻。

這樣看來，日本政治改革，有著一定難度。雖然如此，宮澤喜一在一九九三年一月二十二日的施政報告中，還是強調了「國民對政府不信任已達史無前例程度，作爲一個政治家，誠感憂慮……英國且有腐敗防止法的制定，我國也要作根本改革。」足見改革已是日本政府的急務。

日本在有關改革議論之中，曾有政治改革四法案與「基本方針」的提出。主要的是對產生政治家選舉制度的再規劃與「政治資金」的「再規正」。其間意見分歧，一直沒有得到共識。例如，企業和政治家互相依存的問題，如果加強限制，就有反對的聲音說：那會使政治家萎縮，無法自由從事政治活動。又，如果按照西歐先進國那樣禁止企業獻金，政治資金改由各政黨來調度，顯然又對各派閥的生存受到了影響。這使政治改革推進本部（負責人鹽川正十郎）左右爲難。

在衆說紛陳之際，金丸信被捕，於是這類改革的空氣再度昇高。除了政治資金、選舉制度、腐敗防止、公職選舉法要改以外，又有了政治倫理法的呼之欲出。把這麼多意見對立的法案一舉通過甚難，因此在年輕的國會議員之間，已有各種小集團活動出現。這些年輕議員且有「明治維新」式的言論，雖然他們的力量微不足道，卻是求變的意欲甚強；在這裏既有向傳統回歸的保守主義者，也有主張激進的改革派，其中主張政治再編的，爲數不少。

日本政治的再編組，戰後以來曾有前例可循。那是社會黨在混亂時期勢力大增之後，民主黨和自由黨團結起來合組「自民黨」，維持政權到現在的一個成功事例。

如果日本政治往這一方向發展，必然是較以前更爲激烈的一次變革，因爲時代背景不同了。

現在自民黨的小澤一派有此主張，還有公明黨、民社黨、日本新黨與其他「雜牌」隊伍，或明或暗地向再編組推進之中。他們反對總理大臣直選，而是堅定的主張修憲，然後由右派主導日本未來的政策。

日本未來的政策，要擺脫外在影響走自己路線，已可從許多角度看得出來。要進入安理會爲常任理事國，卽爲若干目標之一。

自從冷戰結束，全世界都面臨了又一個時代的到來，每個國家都免不了回到新的起跑點，作下一回合的競爭。

日本新的起跑點，是甩掉戰敗陰影的再出發。這個再出發的首要條件，是把政治體制更張到合乎「前進」的條件——強勢政府的再建。到那時候，獻金的問題，逮捕政治家的問題，以及各種醜聞，就不易外洩了。

一九九三年三月十日

日本的修憲大合唱與其動機

日本在政治醜聞餘韻未了，通常國會召集伊始，就演出了改憲大合唱與軍備的擴大問題。

一九九二年十二月十六日，日本新黨代表細川氏說：「如果憲法論爭受到禁忌，無法樹立新的國家理念，要把聯合國指揮下所進行的治安維持活動，放在我們政策大綱裏以及把國家可以策劃的有關條款，列在憲法裏；並由在朝在野各黨成立協議機關，積極推進。」一九九二年十二月二十五日，自民黨政調會長三塚博說：「爲了探索二十一世紀憲法應有的方向，應由在朝在野黨派，在國會設置協議會，作中長期的討論——基於聯合國決議，自衞隊的和平維持活動，明記其不受憲法第九條限制。關於其他重要政策，導入國民投票制度。」一九九三年元月二日，日本副總理兼外相渡邊美智雄說：「爲積極參與海外派兵(PKO)活動，要把自衞隊加以改正；憲法上既有障礙，就把憲法作堂堂正正的修改。」（他是在評論家協會的公開演講中作以上表示，並主張世界性的PKO活動，日軍應佔三成至四成。）一九九三年一月九日，社會黨系的山岸聯合會長說：「把憲法視爲禁區，是不可以的。在最近的將來，有憲法修改的想法是正確的。對自衞隊與憲法有關問題，不應擱置不談。」一九九三年元月十日，前首相中曾根在電視上說：「依憲法與聯合國憲章爲基軸，要大大的搞其政治，在內閣或國會，設臨時憲法問題調查會那樣大審議會，來議論此事。」一九九三年元月十二日，前任藏相羽田孜說：「憲法不討論不行，不止是第九條，還有其他與私權和政策牴觸的。」一九九三年元月十四日，公明黨市川書記長說：「把憲法當成不滅之大典是沒有必要的。擁護國民主權、基本人權、和平主義三原則並發展之；但對第九條不墨守成規；對國民投票制、環境權、地方分權亦有議論餘地。」一九九三年元月二十日，民社黨大內委員長說：「我們正在用心學習，對憲法進行改正或另作解釋作業，並認眞考慮提出檯面。政府所說：集團自衞權是有的，一行使就違反憲法的解釋，是欺瞞詭辯。」以上七個有代表性人士，包括了在朝與在野的「全方位」指導者，都贊成了修憲；修憲的目的，又都著眼在自衞隊的出動上。日本要打破現狀，要向國際舞臺大躍進的「伏線」，由隱而顯，由坐而談變爲起而行之了。

這個大合唱，臺詞兒雖然多少有些不同，調調是一樣的——改憲。這個改憲運動，在一九九三年一月二十五日的通常國會登場。這是四十多年來沒有先例的，由社會黨的山花貞夫、自民黨的三塚博與公明黨的石田幸四郎，先後提出，並一致的以「圍繞日本的國際環境起了變化」爲理由，說對憲法的改正，不能坐視。其中特別強調改憲必要的三塚博說：「爲了參加多種聯合國和平維持活動，以及對應集團安保措施，日本不能不有所作爲，因此要把憲法第九條，隨著冷戰結束的時代變化加以改正。」

面對改憲壓力的總理大臣宮澤喜一，覺得給他帶來的痲煩很不單純。他不願在他任內背起這個包袱，於是答辯說：「憲法改正，有其規定上的手續，在法理上雖然不是永久不變的，可是輿論在國民之間還未成熟，現在無論政府或我個人，沒有改憲考慮。」這樣先打個太極拳。於是第二天的新聞，把他說成是鴿派、護憲派了。其實，他廻避這個難題，是一時的，在他做總理大臣階段，儘量不要節外生枝，如此而已。

日本改憲運動，已經醞釀很久，小澤一郎領導的「憲法調查會」就是推動改憲的組織。更不說自民黨內有一百五十餘名，早就強烈的主張改憲。現在在野黨派也加入了改憲陣營，可以說是勢在必行的到了關鍵時刻，宮澤喜一的處境，也寡難敵衆。

日本改憲的動機和其他國家不同，因爲日本憲法第二章「戰爭放棄」的第九條說：「日本國民誠實的期求以正義與秩序爲基礎的國際和平，對以發動國權的戰爭，以武力威嚇以及由武力的行使解決國際紛爭手段，永久放棄。爲了前項目的之達成，不保持陸海空軍與其他戰力，不承認國家有交戰權。」就是這些規定，一直使日本「政治家」頭痛，雖然他們早已擁有陸海空軍和龐大戰力，但是「沒有交戰權」，這對他們的目標來說，是屈辱也是絆腳石，雖然日本戰後以來，在美國核子傘保護下佔盡了便宜，仍有心理上的不平不滿——要走自己的道路。

日本要走自己的道路，從每方面都可以看出來。美國《新聞週刊》（一九九三年元月二十五日），報導了季辛吉的談話，說他已向柯林頓建議，對日本的警戒不能放鬆。

文中介紹季辛吉的話說：「在柯林頓執政的今後四年，日本將繼續是經濟大國，在政治、軍事上，也不可能是小國；一旦日本在政治、軍事上走其獨自的道路，正好逼使中國（中共）強化其軍事政治路線，這會引起亞洲地域的緊張。」

季辛吉的預測以及他向柯林頓的建議，是值得重視的。由他的話，我們意識到中共向俄羅斯購買戰鬥機與航空母艦的意圖，有理由說是與日本海軍南下一千海里的所謂防衛線有關。日本和中共都在發展軍力，世人皆知。哪一天他們有了「過不去」的那種衝突，對中華民國是有利有弊，這要高度的戰略判斷。這不是站在哪一邊的問題，是戰火燃燒到何處的問題。季辛吉說在柯林頓任期內，要當心這種事態的發生，必有他的根據，不是杞人憂天。

另一方面，日本的許多戰略家，早在討論日、中共、美、俄各種不安定因素。東京大學教授佐藤誠三郎說：「中共有意與美國結合，說日本對中共和美國有威脅。這是以夷制夷的老套。」呼籲提高警戒。

可是中曾根說：「亞洲有三個危機：一、日本成爲軍事大國時；二、中共軍備擴大時；三、美國從亞洲撤退時。除此以外，日本只在兩國間有安全保障條約，搞軍事合作，受到猜疑時，都非好事。」於是話鋒一轉，說：「中共市場經濟在擴大，沿岸開發很成功，主張走日、中共、美協調路線。」也就是中曾根突然想起中共牌來了。

由這些地方來看，日本自冷戰結束後，是相當困惑的，既想打美國牌，又怕哪天被美國甩掉；回過頭來想試中共牌，又怕中共坐大，威脅到生存。在充滿了恐懼症之後，決心修改憲法，先把海外派兵擴大。日本的國際觀，不同任何國家；他感到了中共、南北韓和俄羅斯都是敵人，但仍從美國年間撈它一千億美元的貿易黑字。當美國一如季辛吉那樣對日警戒並加以反擊時，日本委實是無路可走了。改憲、派兵，能解決問題？客觀的來看，這個改憲大合唱，只會增加亞洲的緊張和日本的危機而已。

一九九三年一月二十七日

日本謀取聯大常任理事國的策略和步驟

時光倒流，一九九二年十一月十八日，日本首相宮澤喜一，在東京元赤坂，和來訪的南美智利總統艾爾溫，舉行了會談。

艾爾溫爲了挽救該國經濟和失業問題，寄望日本伸以援手，因此在席間，說了幾句逢迎的話：「日本在國際社會已完成重要任務，對此表示敬意。日本成爲聯大安理會的常任理事國，乃理所當然。」這是外國元首第一次以「常任理事國」向日本送人情。他所說的日本在國際社會已完成重要任務，不過是指在波灣戰爭時期，日本提供了資金的那些事。

於是日本首相宮澤喜一迅即反應說：「在新的國際情勢下，聯合國的任務日益重大，但，這機構和第二次大戰後成立當時沒有任何變化，日本，有在聯合國發揮更大功能的打算。」並也「回敬」艾爾溫說：「智利在中南美是模範國」，「日本和智利的關係，是無比的良好。」氣氛融洽得一拍即合了。這是日本下了工夫的結果。

實際，日本爲進安理會成爲常任理事國，在這一年之前，就已四處試探反應，正苦沒有同調的，所以艾爾溫之言，正是日本期待的，正中下懷。日本外務省官員曾私下說，爲了這個目的，才有「天皇的訪中」以及參加「聯合國的和平維持活動」。在這兩大願望完遂之後，對戰後以來該清算的與該推進的，都已交卷，剩下的是該如何檢討聯大的改革與提升日本的地位了。

日本外務省正式檢討聯大改革作業，遠在一九九〇年就已開始。到波灣戰事爆發，是較前更爲積極的，覺得時機已經來臨。於是日本的「大國」走向隨之出籠。因爲，在波灣戰爭期間，日本迫於美國的壓力，也是爲他們石油的來源著想，曾對多國籍軍隊提供一百三十億美元的戰費，卻是對伊拉克制裁等諸多決議，日本插不上嘴，只是在安理會的會場外等到散會時，打聽一下結果而已，心存不平。其實，美國如不干涉伊拉克的入侵科威特，石油會由每桶二十美元漲到四十美元，那樣日本就癱瘓了。這個，他們心知肚明，卻是佯作鎭靜，閉口不談那回事兒。

一九九二年十月，當時的外相渡邊美智雄，在自民黨全國研修會席上，公開表態說：「日本在聯合國負擔的資金，占百分之十二點四五，較英、法、中三國合計爲多，我們有足夠的常任理事國資格。」資格，固然很重要，但是在聯合國憲章裏有「敵國條款」，那是針對戰敗的德國與日本而來。一個「敵國」，怎能成爲常任理事國呢？因此日本，在強調其有資格之餘，又爲過去的歷史煩惱著，於是想到「分兩階段來克服」的計畫——一是把「敵國條款」刪除，二是在條件成熟時再活動進身爲常任理事國。

日本是頗能劍及履及的，在前述認識下，當波灣戰爭一結束，就展開了這項外交攻勢。首先是由當時外相中山太郎，乘各國在會商中東善後問題時，立刻出動，去會見美國前國務卿貝克和英國外相赫德等，要求把「敵國條款」廢除。日本覺得，美、英對伊拉克之戰，不旋踵間勝利了，日本也作了貢獻，這時不談，還等何時？

果然，美、英等國反應很好，貝克說：「那個條款是 anachronism」，蘇聯外長也說：「那個事情已經過時了」都表示了同情的態度。

日本一看這樣好商量，這樣簡單，馬上就把進入安理會成爲常任理事國的作戰方法變更了。因爲，若想達到進入安理會的目的，除了「敵國條款」之外，不修改聯合國憲章不行，修改憲章，要加盟國（包括常任理事國）的三分之二通過。

這樣費周折，以兩階段的計畫來搞，不如一下子衝進去。

自一九九一年夏，日本外務省以此構想，重整旗鼓，採速攻法，想一舉成功。因爲美國現在既表同情，以前在尼克森時代也有過支持的言詞，打鐵趁熱，並計畫在一九九一年十一月邀請布希訪日，把這問題攤給他，造成一種不可抵擋的空氣。

可是，偏偏事情不如所想的那樣好。

那是一九九一年十月，於布希預定訪日之前，在華盛頓舉行了日、美首腦會談。在幕僚的預備會席上，日本提出了：要把「北方領土」與「常任理事國」給日本佔有的問題加入議程，並要求美國支持此議。

美國呢？一看日本眞的要幹，不但態度冷淡下來，而且把布希訪日的日程取消了。眞是晴天霹靂，後來日本外務省說：「美國怕打開 Pandora's box 關不上」（希臘神話，說人類所有災害都在這箱子裏）。

但是，日本要做的事情，無論有多少挫折，非搞到底不可。於是他們說：聯合國處於少數壟斷之下，已引起發展中國家的普遍不滿。日本大有聯合弱小，來推翻「聯大」現有體制之意。可能越是這樣，越引起了以美國爲首的各常任理事國的懷疑。懷疑一旦把聯合國憲章改了，多數國家會要求取消常任理事國的否決權，更不說把「安理會」擴大了的後果，亦難估計。這是現有五常任理事國的共同顧慮。這顧慮也表現在美國國務院官員的談話上，說日本有在適當時期成爲常任理事國可能，但現在爲時尚早。並說除日本有此意願以外，還有印度、德國、埃及、巴西等國都想成爲常任理事國。同時現有的常任理事國也不想放棄否決權，所有更動困難。這樣「放話」給日本，於是日本又研討了新的辦法和對策：

一、要在一九九一年選舉非常任理事國時，取得勝利。

二、參加聯合國的和平維持活動，並在高棉的和平與復興工作上「獻身」，積點成績。

三、爭取亞、非各國的支持，並搞好與這些國家關係。

四、在不刺激現有安理會五常任理事國的前提下，拉攏其他國家，製造輿論，從事安理會改組運動。

其中一、二兩項，照目標達成了；對第三項，以國際援助（ODA）爲武器，正在展開；對第四項，說「怕觸及P5（五常任理事國）的逆鱗，尚在困惱階段，不敢直接點火」。但是終於想出了辦法。日本外務省製造了由總理大臣到安理會演說機會，並備妥了草稿。

一九九二年一月，宮澤喜一到了聯合國大厦，在安理會首腦會議席上，他說：「安理會的構成和機能，要適合新的時代要求，對此加以檢討，非常重要。」日本認爲此舉足以喚起亞、非各國的覺醒，起來和日本一起行動。不知是否因宮澤喜一的這幾句話起了作用？在一九九二年的非同盟國首腦會議，以及後來的聯合國大會，確實有了改革安理會的聲音，當然這聲音，與「買通」也有關係。

日本看到這個「成果」，在當年九月的聯合國大會，又派渡邊美智雄赴會，進一步的發表了「爲提高安理會的信賴性、功能性，要把這機構包括組織，作認眞的檢討」的演講。同時，德國也一反以前無動於衷的態度，說「如果安理會正式檢討此事，它願成爲常任理事國」了。

在這情形下，日本外務省開始了「改革案」的沙盤作業。

在這草案中，有幾個策略：一是日、德共同加入案；二是包括巴西等國共同加入案；三是新增四個無否決權的常任理事國案。對此都作了評估，說後者卽第三案，不致侵犯現有五常任理事國的利益。

爲什麼日本要加入安理會爲常任理事國？他們自己說：「安理會沒有日本，就沒可信賴性」；「不進安理會，不算政治大國」。這是日本駐聯合國大使波多野敬雄的話。日本外務省並已排出日程表，說在一九九五年聯合國創設五十周年之際，非進入安理會不可。這個目標雖未對外發表，內部作業，是這樣決定的。

對日本進入安理會的有利環境之一，是柯林頓在選舉期間說過：「日本和德國應加入安理會」的話。日本抓住這個口實不放，終於在日前，白宮又重申了此意。可是，安理會的其他四個國家態度如何？不是沒有問題，這是日本對中共「客氣」的最大原因之一；但是，對大陸，有錢好辦事，日本知道得很清楚。

日本進入安理會爲常任理事國，如果是對國際和平眞有貢獻，應該是受到有關國家的歡迎；如果是只想成爲大國，那大國的可信賴性又在那裏？在回顧他們走過的腳印時，也是世人所關切的。

一九九三年六月十九日

日皇訪大陸的背景和政治作用

日皇與皇后訪問中國大陸的問題，已於一九九二年八月二十五日，在爭論、反對與說服聲中，勉強作出了決定。行程是自十月二十三至二十八日之間，分訪北平、西安、上海。此刻，由日本外務省、宮內廳、警察局組成的先遣部隊，已進入了大陸，月末還要派出一批幹員，去觀察安全上的每個細節。因爲大陸已有十萬民衆，組成了「民間受害者對日索賠聯合會」，怕有不測問題發生。

日本「皇室外交」，戰後以來，已經搞過三次。第一次，是已故日皇裕仁，在一九七一年的九月二十七日至十月十四日，訪問了歐洲七國。那時期的國際背景，是美國的外交政策，在季辛吉主持之下，有與中共勾結跡象，也就是在尼克森訪大陸之前不久，日本感到，對美國一邊倒，有著某些危險，於是開始向歐洲示好。另一方面，日本也希望把他們的「天皇」向國際舞臺推出一步，所以在電視上，還有過「天皇世紀」的演出，這些，都與國際背景和外交政策有關。

日皇的第二次出動，是一九七五年的訪問美國。那是越戰結束後，美國在亞洲受到挫折時期。緊接著日本開始經濟蕭條不振，並發行了大量赤字國債。在這同時，又發生了金大中事件，使日、韓關係陷入了最低潮。日本覺得美國，仍是救主，所以來個「天皇」移樽就教。這些，都是有政治目的的。

現在的日本，又遇到了許多困難。第一、環顧世界，他沒有一個友好國家，是陷在眞正的孤立之中。試看：美國與日本，既有貿易摩擦、科技摩擦，又有文化摩擦。「美、日構造協議」的演出，明顯的是要日本來一次脫胎換骨。基於美國的要求，日本提出過「前川報告」——內容是把「經濟大國，赤字人生」，作徹底修正，作「構造」性改革。這可以說涉及到日本的文化深層了，改不了是注定的，所以，美、日摩擦，還要摩擦下去。

再者日本和「獨立國協」的關係，他們既有領土糾紛，又有長期「敵性」因素，以及軍力對比上的不安，他們走不上友好的道路，也是肯定的。日本和俄羅斯之間的關係，是緊張關係；和歐洲國家作朋友，沒有作朋友的條件，在亞洲，除了泰國以外，都對日本沒有好感，所存在的關係，不過是利害的互謀，與假性的互動而已。所以，日本在國際間，賺錢越多，越沒出路，他們爲此煩惱。

除了這個困難以外，第二，在國際間逐漸有經濟集團的形成，例如美國與加拿大、墨西哥之間的貿易協定，歐洲共同體的組合，如果法國投票贊成，這會構成龐大的區域集團。這些集團如果紛紛結成，日本會孤零的被排斥在外，無論政治的、經濟的，在未來有與日本絕緣可能。

於是，日本想到了「中國」，不管它是共黨統治下的，還是其他形態的，掌握和運用這個「實體」，日本認爲對他有利。

天安門事件以後，各國都採取了聲討和制裁措施，只有日本反其道而行，早早的賣弄了雙重風格，不但不加制裁，而且還給予貸款，藉此討好起來。日本知道中共落後先進國三十年到四十年，覺得後顧之憂不大。也知道中共在失敗的邊緣上，於是來個「邊緣政策」——使中共在困難中，徐徐向他依存靠攏，藉此打破日本的孤立，把它當爲骨牌。

在這策略之下，推出了「天皇訪大陸！」

日皇訪大陸，客觀的來說，時機不對，也沒有這種必要。它既不符合中國人的願望，也不符合日本人的願望。是「王牌出盡」的不得已？亦未可知。

日本天皇，在若干的日本人心中，還是有著「神格」的地位，這從日皇裕仁過世時的喪禮之神秘性，可以看得出來。在這方面，日本憲法所表現的，也是曖昧得很。諸如有關「天皇」的第一章第一條所謂：「天皇是日本國的象徵，是日本國民統合的象徵，這地位是基於有權的日本國民之總意」云云，很費解釋。

按「象徵」一詞，本來是法文 Symbole 的譯語，日本的辭書解爲：「把抽象的事物表示出來，使成爲有用的形象與心象」。這分明是指對日本國民的統一合作，起著一定作用之謂。

又，日本憲法第三條說：「關於天皇的所有國事行爲，需要內閣的助言與承認，由內閣負其責任。」這又說明了，「天皇的行爲，非與內閣一致不可。」其行爲是官方行爲，了無疑問。由此以觀，日皇的訪問大陸，是「很政治的」，無論怎樣辯解，也脫不了這個關係。但，日皇的出訪，說一定對訪問國家有什麼好處，則又未必。

一九九一年九月，現任天皇明仁曾訪問東南亞的泰國、馬來西亞和印尼，結果，對這些國家既無政治上的幫助，也未給經濟帶來好處。至多不過是有個日皇出巡的紀錄而已。

日皇訪大陸，在我們來看，較爲重要的是日本的外交政策，有轉變可能。

日本由重視歐美，轉而重視對亞洲的戰略，現已逐步登場。日本在多年前，由中曾根提倡過「環太平洋諸國議員聯盟」構想，意在網羅亞洲地區有力人士，與其同調的推進亞洲政策。與此併行的，是日本外務省曾起草「日美太平洋憲章」，主旨在強調日、美在這地區的共同責任。最近，日本又提倡了「亞洲高層會議」，由日本召集，商討亞洲問題。這些，是日本開始主導亞洲事務的預謀之一。

日本，在所有亞洲政策當中，還是重視朝鮮半島的變化，並寄望在半島問題上，扮演重要角色。

在一兩年以前，日本是計畫由日皇首先訪問南韓的，偏偏韓國對此不大熱中。不但如此，南韓電視臺（ＭＢＣ），在今年四月，推出了「忿怒的國王」連續劇。劇情是狙擊剛即位的日本明仁天皇。這個殺日本在位天皇的連續劇的主人公，是由韓國李朝後代，來報日本殺害「閔妃」之仇，是由此歷史背景，編成了電視腳本。上映之後，日本除官房長發表了談話之外，也由日本駐韓大使更遞交了抗議文書。可是韓國說日本沒有干涉表現自由的權利，事情不了了之。當然，日皇訪韓，無法，也不敢去冒險的了。日皇，是在這情形下，輪到訪問大陸的。

一九九二年九月九日

由自民黨分裂看日本政潮

日本自民黨，自戰後以來，除片山內閣的曇花一現以外，是四十餘年來長期掌握了政權。自民黨的團結力、組織力，在世界政治史上，可以說是獨樹一格的，爲日本的復興、繁榮，作出了絕對貢獻。

但，四十多年下來自民黨的結構，在派閥勢力影響下，在旣得利益的把持下，眞正的領導人才不易出頭，有抱負的政治家，無法施展其願望，完全在機械的、小集團間的擺佈之下生存。因此，任何一個議員，旣不能反應民意，也不能反應己意，都是按照組織的行動而行動，這樣政治模式，當組織本身發生問題，會立刻失去運作常規，於是各種怨懟隨之而出，爆發開來，就是政潮。

日本政治，一直存在這種壓抑和不滿，沒有發洩機會。因此，這次以政治改革不能實現爲口實，一舉發展到脫黨，推翻與自己有榮辱關係的政權，是怨懟累積太多，而出此下策的，應該是重要原因之一。

這次對宮澤內閣投不信任票的自民黨議員，竟有三十九人之多，又在同黨原任政治改革推進本部事務局長等重要職務的議員，有十人遞交了離黨申請，聲言要另組新黨。理由說是「政治改革未能實現，於良心難忍，決定要採取超政治的立場來行動。」此外還有曾任文部大臣的鳩山邦夫等，說一黨支配不好，要站在黨外為政治改革作些努力。

從這些地方來看，這些政治家，突然對自民黨有了絕望感，雖然他們都在自民黨內，曾經坐享厚祿，現在，居然不要這「母體」了。

這個發展趨勢，是很危險的。

第一，自民黨，在衆叛親離之下，繼續執政，已有困難，而新的可以代替自民黨勢力的，還未出現。從這次反宮澤的不信任投票來看，自民黨還有二百二十名的班底，如果反對勢力集結到一起，可以達到二百九十二席（總額是五百一十二席）。顯然是，將來由自民黨組閣，也是不安定政權，因為未超過半數，隨時有被推翻可能。

第二，在野黨的任何一黨，在這次改選，一舉超過自民黨現存的二百二十席，是不可能的。一則因為自民黨的固有地盤，不會陷落得那樣快；二則新勢力包括在野各黨，無論在組織上、資金上，尚未整備起來，人才也沒有那麼多。雖然社會黨說，他們在各選區要提名三百人，也難超過自民黨的現有勢力。而且在野各黨也是各懷心事，縱然達成組織聯合政府的目的，也不過是短命政府，因爲政治理念和目標統一不起來。

第三，由於前述這些原因，「造反成功」的羽田派，現在較爲得意。他們的策略，是拉攏自民黨內與其同調者，也吸收其他各黨的激進分子。但是，也許還要幾年時間或者在這次大選之後，就採取了積極行動——與其他黨派合組保守右派新黨。如果這一派成功，日本的國際政策，將走向危險道路，對亞洲的影響，是立竿見影的。

這次政治改革不成功的原因，表面上是由中選舉區向小選舉區演變，威脅到了某些人的政治生命，造成了對立。其實，小選舉區的推進，一直是個政治陰謀——消滅小黨的存在，把一黨獨大，推向一黨專制。在野黨紛紛起來反對，勢所難免，拿這行不通的問題，當爲改革重心，開始就是給宮澤製造難題。偏偏他不但未能預見這個後果，還從中做起順水推舟的好人來，最後把所有責任推到他身上——撒謊、無能，不一而足，最後落得萬般無奈的等待選民之再「裁判」，大選輸了，必將下臺。現在則是看守內閣。

宮澤喜一寄望在改選中，殘餘的自民黨，能再超過半數；若然，他想連任總理、總裁一次。可是，這幾乎是不可能的，日本的觀察家，大多認爲他以看守內閣的身分主持「七國高峰會議」後，到下屆國會召集，也就面臨了下臺的命運。

目前日本各黨議員，都已回到各自選區，從事選舉戰去了。自民黨在分裂後，「正統派」與「改革推進派」，都在苦戰狀態。如果雙雙失敗，這殘局亦難收拾。因此自民黨本部雖說對「造反議員」要加嚴處，可是他們本有脫黨打算，處分也是形式的了。

日本在經濟發生泡沫之後，皇太子轟動世界的婚禮，非但未如預期刺激經濟，政治卻出現了破綻。現在全世界，都面臨了劇變之期，日本這樣牢固體制，也禁不起考驗，其他國家也應引以爲戒。日本這種無政治理想的「經濟動物」，也值得我們立法院警戒。

一九九三年六月二十一日

日本衆院大選結果與其政治異變

日本衆院大選結果已經揭曉，長期執政的自民黨獲得二百二十三席，另在「無所屬當選」的議員中，有五名是自民黨推薦的，加到一起可達二百三十四席。距超過半數尚差二十二席。這代表自民黨單獨政權在現階段無法成立，另方面在野黨勢力雖有消長，合其總力也不超過二百四十三席。在意見分歧之下，亦難奪得執政機會。結果，在朝、在野黨派都遇到了難題。

現在，日本各政黨的構造，由於自民黨未能超過半數，而社會黨又慘遭滑鐵盧之敗，於是形成了三個勢力圈──自民黨原班人馬、日本新黨與先驅新黨合組爲日本新黨勢力，社會黨勢力以及此外的新生與公明黨勢力。這些勢力如何整合，陷入微妙狀態，有者待價而沽，有者在爭主動權，在摸索中，其可能性有：

一、以自民黨爲主體的聯合政權；

二、自民黨少數單獨政權；

三、由在野的非自民、非共產聯合政權。

以上任何形態的政權出現，都難期安定，因爲聯合政權，將遷就合作者的條件和意見，這會影響政策方向，更不說各黨乘機起來，傾軋吸收，造成再分裂與政黨再編的局面。這個趨勢，往好處說，是把以往政治體制，由一黨轉向多黨化了；往壞處說，是既有的一貫政策，難再維持，亦卽任何政策的推動，當合作的一方或敵對陣營不贊成時，內閣就面臨了垮臺的命運。因不足半數的執政黨所提法案，很容易遭到否決；通過不信任案，迫使內閣下臺也是輕而易舉。在這情形下，政治會變得更無效率，並引起「改革」派的更多蠢動，或亦難免。

但是，日本政治，是否從此弱體化了呢？

表面上看，好像日本政治不可收拾了，從此再無一黨長期執政的可能了，「五五體制」打破了。還有形容爲「柏林圍牆被拆除」了那樣看法的。但是細觀自民黨分裂的原因——「改革派」把隊伍拉出去的目的，頗不單純。他們高喊改革口號，實際拿出來的改革口號和辦法，不是針對當前問題，是在新的理念下，有「維新」、「革命」彩色——認爲四十年來的政治體制已經過時了，不能面對二十一世紀的發展了。在這些「改革派」的有關著述裏，他們既強調「民主極權」的重要，又回味「政友會」的功能，更欽佩伊藤博文的作風和這以前大久保利通的「廢藩置縣、尊皇攘夷」政策。所以，「改革派」在未明白時代背景，已今昔不同，把古典思想，要行之於現在，毋寧說是有著恐怖的一面。

另一方面，日本政治從明治、大正、昭和時代以迄於今，很難說是有過弱體化政治體制。自民黨現在所發生的醜聞，不過是執政黨過於強勁的結果；強勁得使人願意拿錢奉獻。現在「改革派」把他們自己盡心過的這個體制否定，要個更前進的「民主集權」制的政府，其結果是如何，匪夷所思。

當然日本的政治，並非沒有問題，而問題的核心在於派閥的壟斷，使新當選的議員，不得不歸隊到不能反映民意的圈子裏去，這是其一。

其次，自民黨的政商勾結，早爲國內外詬病，它與眞實的民主政治相違，這是其二。

日本國會議員中世襲者太多，還有「年功序列」式的當選多少年，撈個大臣的習慣，使新人難以出頭，這是其三。

但是所有改革者的眼光，都不在此，把目標設立「小選舉區」的爭論上，顯然與日本政治的改造意義不大。

改革派利用窒礙難行問題，用爲分裂理由，以致釀成現有局面，可謂日本不幸。實際日本政黨再編呼聲，不自今日始，遠在金丸信先生在位時，即有類似言論，終因持以穩重，未採激烈行動。無乃青壯派政治家，操之過急，以改革不成，對內閣投不信任票，並以此手段打散了自民黨的凝聚力。以致在這次大選中，各集團都得不到過半數以上的支持，因選民對這種政爭抱有不滿的態度，所以投票率僅及百分之六十七點二六，是有史以來的最低，這也說明了分裂並非好事。

日本政治，是管理型的「社會民主主義」形態，它與歐美開放性的「自由民主主義」不無差別，所以走上「規定的」（都是右派的）兩黨政治，只是理想，雖然在民間、在學者有這樣期待；可是，在日本政治風土而言，絕對的民主是有疑問的。

日本在戰後的一九四五年，一舉有五個政黨誕生。到一九五五年「保守派」來個大聯合與社會黨左派在競爭之中，連連獲勝，維持了政權的安定。這安定政權的執政黨——自民黨內部，有過派閥的抗衡，在這過程有的被消滅了，諸如「前自由黨系」的大野伴睦、石井光次郎，敗下陣的就是失掉了地盤和後續力量，在日本政治圈，認爲這種內部競爭，可以維持「能源」，也就是在「優勝劣敗」的對內對外雙重競爭下，能維持政治生命，才算成功。這樣的政治哲學勢必造成派閥對立，與無法表裏完全統一的政黨。現在日本各政黨面臨的考驗是，如果不能建立兩黨制的政治模式，混亂的結果，會長期失去重心，當然對政治、經濟的發展，也會帶來嚴重影響。

現在，宮澤喜一有被迫下臺可能，而聯合政權或少數的第一大黨政權如何建立，尚未具體，日本股票市場已經開始失掉信心，搞不好會損及日本的國際地位。這些後果，都是由自民黨分裂帶來的，絕非日本國民之福。

一九九三年七月二十日

細川內閣的形成與改朝換代

日本政壇自竹下派分裂後，自民黨內部，對執派閥牛耳的小澤一郎系，進行了包圍的工作，使小澤一郎系的三十六人陷入孤立狀態。在這種情形下，小澤派利用輿論鞭策自民黨對一連發生弊案的腐敗政治進行改革之際，他們站在急先鋒的立場，在衆院作強硬改革主張，要求通過包括「單純小選舉區制」在內的四項法案。可是「單純小選舉區」，既爲在野黨反對，也爲自民黨的若干人士反對。

理由是，單純小選舉區，要把選舉區域細分化；在重劃選舉區的作業下，會把現在的地方勢力和地盤給打散；這等於把許多人經營的地方勢力，給一舉剷除了。也就是在一區一名的小選舉區裏，把某些現任議員給斷了後路，這樣法案如何通過？但是在一連貪汚事件之中，輿論沸騰，沒人敢說不改革，無論多麼不合理的法案，不通過它就是有罪，結果招來解散、脫黨，使自民黨下野的命運。

這一連串的事態，都不是孤立的，但是扮演推波助瀾中心人物的則是竹下派大將小澤一郎。他藉金丸信餘勢，樹立新派閥於先，又搞個新生黨於後，日本政壇的混亂局面，都是由他攪起的羽田孜，不過是他的馬前卒——野心家的影子。

在解散選舉後，小澤就開始策畫在野黨的聯合政權了。在這之前，他下了許多工夫，其一是在一九九二年秋季和創價學會的領導人池田大作舉行了秘密會談，對日本政治的未來走向，有了默契——共同打倒一直使在野黨撈不到大臣幹的自民黨；同時，小澤一郎和公明黨書記長市川雄一走動頗近，儼若摯友。市川是池田大作的親信，因爲創價學會是公明黨的母體，在選舉時，候選人都要到創價學會，由池田訓話並唸《南無妙法蓮花經》，所以公明黨的幹部唯池田大作馬首是瞻，乃是當然。小澤透過池田掌握的公明黨，是很重要的一步棋。

小澤一郎在竹下派分裂前，因金丸信的支持，不但橫行派內，而且在自民黨內，也是炙手可熱的。他人脈很廣，不但社會黨、民社黨內，有和他同調的，財界「天王」平岩外四，也對他禮遇幾分，所以不愁沒有財源。

在這些條件下，在大選一告結束，他就看出來了，若想推翻自民黨，成立在野的聯合政權，非借重細川護熙和武村正義這兩人力量不可。那時他就想到，「以細川爲首相」的新政權，較易實現，於是在一九九三年七月二十二日，小澤與細川舉行了密談，話題是讓細川出來執政。細川在這之前，對首相寶座未敢去想，所以乍聽之下，也未立即作答。因爲在這以前，他一直說「沒有興趣」，雖然評論家說他每天的講話，都是不同的「菜單」變來變去，卻是未曾說過有意總理大臣的話。

但是在權衡到底參與在野政權，還是與自民黨合作？既然小澤一郎對他厚遇如此，而自民黨還在亂作一團，自然是心裏有數了，這是小澤工作的成功。

另一方面，在日本政壇以調停者姿態出現的，還有社會黨系統的工會領袖山岸章氏，他也是支持在野各黨出來執政最力的一人。

山岸本身擁有五十萬人的勞工組織，但自己不競選，不上臺，他和社會黨淵源很深。因此當社會黨在選舉失敗以後，山花委員長要辭職時，山岸說不能辭，先把聯合政權搞起來，才是負責態度，這樣才穩住了社會黨的陣腳。否則未待聯合政權問題提出，社會黨就分裂了。

現在七黨聯合政權已經成型，這是日本自一九五五年以來第一次「改朝換代」。在戰後初期，雖然有過社會黨和民主、國民協同兩黨的聯合，不過是曇花一現的短命政府而已。所以這次的七黨聯合，爲期也不會太久。雖然這樣，各在野黨在長期患著「大臣飢渴症」情形下，已開始官爵如何分配的作業了。

現在是衆院議長一職，非給擁有七十席的社會黨不可。至於人選，一說是土井前委員長，但有說田邊誠也有可能的。副總理兼外務大臣，可能是未搞到總理大臣的羽田孜，因爲在分裂前宮澤喜一曾以這個職位酬庸他，希望合作下去，爲羽田所拒。

其他各黨領袖，除社會黨的山花貞夫有問題（大選失敗責任）以外，公明黨的石田幸四郎，民社黨的大內啓伍，魁黨的武村正義，社民連的江田五月，都將入閣。一說武村可能任官房長或自治大臣。公明黨希望法務或文部大臣，這兩個職務與創價學會有關。民社黨的大內希望幹防衛廳長官。

這個內閣班底之組成，必須把各黨的要求擺平，否則國會召開時不投票，就麻煩大了。

一九九三年七月三十一日

中日關係的表裡與當前課題

中日關係好轉了，給人直覺的有了這樣印象；但是這裏，有表面的與策略的，不是日本政策的根本改變。

日本對中華民國政策，一直在明的、暗的兩方面，維持其政治與經濟利益。又這種利益的維持，在於「擺平」海峽兩岸關係的「均衡點」上。日本小心的往這方向推動，凡是往這方向發展的任何步驟，日本不但樂觀其成，而且還想扮個幕前幕後的角色。這個角色，有時「顯在」，有時「潛在」，當可以站出來時，站出來；當要廻避時廻避之。這是看國際關係演變，以及海峽兩岸關係的動向，來隨時運用的。

就國際關係演變而言，自冷戰結束後，日本在國際舞臺再無靠山，它要走自己的路。日本的出路，既不在歐洲，也不在美洲，而是直接的在亞洲。放眼亞洲，東北亞的局面，使日本無法插足；轉身看東南亞，第一重要地區就是中華民國臺灣，這裏對日本有數不完的那種利益，他們明白，世人皆知，除此以外，沒有感情因素存在。

其次就海峽兩岸動向而言，如果是大陸混亂成無政府狀態了，日本的總理大臣訪問臺灣，也不是不可能。相反的如果日本預見中共垮臺不了，中日關係的發展，仍有局限性，最多他們對中華民國作些「周旋」和「委蛇」，留有待機而動的餘地而已。在方法上是「給面子」——互相見見大臣，在有詞可借的情形下，在無傷他們利益的前提下，會琵琶半遮面的來做。但：關鍵性的貿易逆差問題，解決不了，便等於所有中日關係改善的言詞，都是空的。

我們滿意於日本的對待我們方法，他們就一步不肯向前了。外交工作，不是止於人際來往的應酬，而是怎樣站在平等線上來解決問題。我們不是一無籌碼，日本有千家廠商在臺，臺灣海域又是日本的生命線所在，在這兩點上日本自會考慮到中華民國的重要性。

還有微妙之處，是海峽兩岸接近一分，日本會和中華民國接近兩分。這由「辜汪會談」帶給日本的反應，可以看得出來。日本對兩岸關係的警惕，較臺灣本身更甚一層。這次辜振甫先生率團訪問日本，安排了會見日皇，與「辜汪會談」加強了我們的立場和地位，有直接關係。

持平而論，近些年來，我外交當局，在中日關係的改善方面，作了許多努力，也有若干成就；但是外交工作，通常都不是立竿見影的，堅持原則，維護利益，守住這個分際十分重要。言論界也應理解外交工作的困難，未成熟的，不該報導的，不必嘴快；未上路的，無結果的，不宜說是成功。因爲「虛友好」，會造成對方有理與我們變成「願打願挨」，最後形成「恐日症」狀態，那就一切事情不好辦了。

當前中日關係的緊急課題，是科學技術的移轉，並由此減少貿易逆差的逐年擴大。解決方法，是把依存日本太深的生產材，由自製代替輸入。自製一時辦不到的，由中日共同投資設廠，在臺灣生產。這目標的設定，涉及三個要件：

第一是智慧財產權，要花錢買。

第二在我們國家要有相關的研究機構，具備某些承接這種技術的能力，不能完全依賴日本。

第三是日本販向臺灣的生產材，卽各種技術較高的零組件廠商，肯不肯放棄在臺灣市場的既得利益？

這三個要件的任何一個克服不了，科技移轉便無法實現。貿易逆差，也就只有擴大下去。

這個難度很大的問題，全面交涉，會一無結果，政府應就已有之研究機構，有承接新科技能力廠商，個別的給予鼓勵支持，協助和日本談判。每年有一家成功，也是了不起的貢獻。這種談判宜單純的深入有關分野，並在談判中摸索日本的條件和誠意，由此構築對日經濟政策，才能掌握實際。

我們和日本的關係，經濟比重大於政治。在經濟上有突破，才會有政治上的進一步發展。如果是著眼在政治層面，這對日本正中下懷——給互訪的「面子」，其他就一切免談了，最後是雙雙落空——恢復外交關係不可能，貿易赤字減少亦不可能。

日本的對華政策，當前是在兩岸找「均衡點」和「利益點」。當大陸搖搖欲墜時，他們擁抱一下臺灣；當大陸有站起來跡象時，日本把臺灣置之度外。這和辛亥革命時，日本分別走南方政府路線，同時又跑袁世凱路線是一樣的。

日本懼於海外言論剉破他們的心態，特別是對有代表性的大報，例如美國《紐約時報》，那管是三言兩語的對日批判，他們也是一滴不漏的反應回來，並繼之以反省。日本對國際輿論極其敏感，總是走幾步就回頭看看，有人說他們像「夜行客」的乍出山林。

一九九三年五月二十五日

國防·軍事

日本自衛隊的成軍過程和發展實態

日本的自衛隊，是在一九五〇年六月二十五日——韓戰爆發四十五天之內，以「警察預備隊」的名義，首先登場的。當時是以一萬四千訓練有素，從戰場歸來的「皇軍」爲骨幹，急速整編起來的。

當時以一紙「警察預備令」成軍的部隊，入伍的士兵共七萬五千人；到一九五二年，改爲保安隊時，就擴編爲十一萬人了。在這同時，七千六百人的海上自衛隊，也完成了建制。到一九五四年，隨著防衛廳的設立，把保安隊改爲自衛隊；從此，日本的三軍——陸上自衛隊十三萬人，海上自衛隊一萬五千八百人，航空自衛隊六千二百八十七人的編制初告形成；此外還有各種幕僚以及防衛大學、防衛研究所等單位，在四年之間，達到了十六萬四千人的戰鬥力了。

由一九五〇年出發，到現在，日本再軍備表現在兵員方面的，是陸上自衛隊增加到十八萬人，海上自衛隊有四萬六千五百二十人，航空自衛隊有四萬七千人，合達二十七萬四千餘人。如果再加上防衛廳、防衛廳研究所、防衛大學、技術本部、調查本部、各兵種的幕僚單位等二萬二千餘人，日本的三軍，現在是三十萬人有零。此外還有隨時可以召集入伍的預備隊員四萬六千餘人。

日本的三軍雖然是志願兵制度，可是在採用上考選很嚴。例如一九九〇年自衛隊入伍生的募集，陸軍是在應募者二千八百四十人之中，採用了二百五十九名；海軍是在七百六十四名的應募之中，取了六十七名；空軍是從七百五十八名之中，選了四十三名。資格是十八歲以上，二十七歲未滿，中學以上程度的，可以參加考試。考試分兩次進行。第一次筆試考國語、數學、社會、理科、英語、作文。第二次是口試之外作身體檢查、適性測驗。從錄取的標準來看，稱得上是精兵主義。

此外競爭率高的原因，是待遇好。一個三等陸士（下士），月薪是十三萬五千九百日圓，熬到士官長，按年資，月薪最高可拿到二十一萬四千日圓。准尉階級的月薪最高是四十五萬一千日圓。將官的月薪可高達一百二十三萬二千日圓。此外對「任期制」的隊員，還有退職補助──任期二年屆滿退職者給一百天，任期三年屆滿者給予一百五十天的薪俸追加額。算來，自衛隊每個人的平均薪餉費年達九百三十萬日圓之多。所以，日本的自衛隊等於是一種肥缺。

自衛隊的教育訓練，是在防衛廳之下，設有教育訓練局；又在各兵種的幕僚長（參謀長）之下，設有各種學校，屬於陸上自衛隊的有：⑴幹部學校；⑵幹部候補生學校；⑶富士學校；⑷高射學校；⑸航空學校；⑹設施學校；⑺通信學校；⑻武器學校；⑼軍需品學校；⑽輸送學校；⑾業務學校；⑿調查學校；⒀衛生學校；⒁化學學校；⒂少年工科學校等。此外在「方面軍」之下有教育團；又在教育團之下有「陸曹教育隊」、「婦人自衛官教育隊」、「第一機甲教育隊」、「空降教育隊」等。

其他海上自衛隊、航空自衛隊，除了有關訓練單位以外，前者有四個「術科學校」，後者有五個「術科學校」，三軍一共有七十多個訓練學校。由這裏可以看出，對幹部養成，是受到了應有的重視。但是，對於自衛隊員的普通訓練，只有二十三週，到達士官，還要二十三週，其間整個養成訓練是要經三個階段和四年時間。達到上尉軍階，是訓練再訓練，這是指一般幹部而言。高級幹部，是另經過三個階段和四年時間。就防衛大學的教育內容來看，在一五五個學分之中，人文、社會、自然（一般學科）是三十六個學分；而理工部門佔了七十六個學分，其中主要的是電子工學。這說明了未來的戰略導向，「踢正步」的時代已經過去了。在「精神教育」方面，是注重「使命的自覺」、「個人的充實」、「責任的踐行」、

「規律的嚴守」、「團結的強化」，在這裏培養民族愛、祖國愛！

自衞隊的陸軍，現有十三個師團。第二師團、第五師團、第七師團、第十一師團和第一戰車羣、第一高射特科團，駐防於北海道，稱之爲北方面部隊。第六師團、第九師團，駐防於東根市、秋田、福島、青森、岩手一帶，稱東北方面隊。第一師團、第十二師團，是駐防於東京、宇都宮、松本、上越市一帶，稱東部方面隊。第三師團、第十師團、第十三師團，則駐防伊丹市、和泉市、姬路市、金澤、名古屋、廣島等地，稱中部方面隊。另有關西地區補給處。第四師團、第八師團，則駐防於春日、別府、北九州、熊本、九留米等地，這是西部方面隊。

自衞隊的海軍，以橫須賀爲中心，分散在佐世保、舞鶴等軍港的有四個艦隊羣，一個練習艦隊，兩個潛水艦隊，以及其他各處的十個航空羣。此外還有中央通信艦隊，海洋業務艦隊，防衞廳長官直轄艦隊等。

空軍是在航空總隊之下，有八個航空團，分駐北部、中部、西部和西南部，並各有「航空方面隊」司令部（西南部的為混成團司令部）與防空羣、高射羣、航空警戒管制團，以及三個航空輸送隊和十三個飛行教育團。此外在那霸駐有第八三航空隊。在空軍系統，也有獨立的四個補給處。這是日本三軍佈防大概，也是早就公開了的事實。

日本自衛隊，最值得重視的是裝備。從表面來看，在陸軍，是步槍二十三萬五千隻，機關槍五千八百四十挺，戰車一千二百十輛，自走砲車六百六十台，裝甲車六百九十輛；在海軍，是護衛艦五十九艘，潛水艇十四艘，機雷艦艇四十艘，哨戒艦十三艘，運輸艦九艘，補助艦三十三艘，支援艦三百零五艘，共四百七十四艘，三十四萬噸；在空軍，擁有各類各型軍用機一千三百六十八架，其中包括教練機三百六十四架，救難機四十二架，這些可以說稱不了軍事大國；但是，問題在於這些兵器的更新速度，與其先進性能，這就涉及到軍需產業了。關於這些，作爲一個近鄰國家或者需要知其梗概，並可從這裏判斷，「軍事大國」能大到何種程度？以及未來日本在世界所扮演的角色。

一九九二年六月二十四日

日本的擴大軍備與其「防衛大綱」

日本軍備已經再起。在一九五〇到一九五五年之間，美國無償軍援日本達二千七百億日圓；由於韓戰的爆發，在美軍「特需」之下，日本的軍需產業隨之復活。並相繼在一九五六年策定了以三年爲期的防衛計畫大綱（由一九五八到一九六〇年，通稱一次防）。

「一次防」的預算是四千五百三十億日圓，從此開始了一般武器、戰鬥機與飛彈的研製，其間美國仍在每年無償軍援日本一億至一億五千萬美元左右。因此日本有餘力，以F-86噴射戰鬥機爲藍本，由三菱重工製造了三百架（有部分零件是輸入裝配的）。可是，這三年計畫下來，使日本軍事裝備，有百分之六二點四，國產化了。

到一九六一年七月，又經國防會議策定了第二次防衛計畫（由一九六二到一九六六年，通稱二次防），這次的預算一下子提高到一兆一千六百億日圓。除此之外還要求美國無償軍援二億五千萬美元，但美國只肯出其半數，並從此停止了軍援。

「二次防」的目的，是要把裝備近代化、機動化，並把空軍現代化，也著重於技術的高度化。其間，與洛克希德公司締約，又生產了 F-104J 三百架，並完成了防空自動管制體系。待「二次防」滿期，日本的武器平均有百分之八七點六國產化了。

在這之後的一九六七至一九七一年，又有第三次防衛計畫出籠。這次預算增加爲二兆三千四百億日圓，這使日本軍需產業著實的擴大了。因爲許多重化學工業，由於生產過剩，乘機轉爲軍需產業的爲數很多。在這時期雖然國產的達到了九一點六，可是愈往高爬愈有困難，不得已，有些是出於協約生產，例如鷹眼以及 F4F 戰機，後者仰賴了道格拉斯公司的設計圖，並輸入了八架，把它分解，再裝配上。最後，機體由三菱重工仿製完成，引擎由石川島重工出廠，機翼、後胴由川崎重工分擔任務，結果造價達十六億九千三百萬日圓。其中機體製造費十億七千萬日圓的百分之六十，由三菱重工交付了道格拉斯公司，此外又支給該公司研究發展費每架一千四百萬日圓。

在這「三次防」期間，低空飛彈、高空飛彈、超音速教練機、噴射運輸機，都「自主開發」完畢。據日本「經團連」防衛生產委員會的報告，這時在生產武器、飛機、電子裝備、造船、車輛的五業種中，有八十九家都投入了大量研究費用。同時，隨著武器國產化政策的推進，軍需產業，都集中於大企業之手了。

以一九六九年的情況來說，當時三菱重工接到的訂單是一千零九十四億日圓，三菱電機是五百零三億、石川島是三百七十三億、川崎航空是三百六十五億、東芝是二百十三億、日本製鋼是一百二十六億、日本航空機是一百十七億、日立製作所是一百十五億、富士重工是一百零六億。這是前十位的數字，其他不算。

日本物價高，武器價更昂。一輛七四型戰車的價格是二十億日圓，一架噴射教練機是十七億日圓，J3式噴射引擎是九億二千萬日圓，一架對潛飛行艇是七十五億日圓，就是一隻六四式七點六二厘口徑的連發步槍，也要兩千萬日圓，所以軍需產業，使日本大企業著迷。

因此在一九七二年又著手了第四次防衞計畫。這次計畫最初的預算是四兆六千三百億日圓，但由於通貨膨脹關係，又追加了一兆餘圓，最後達到了五兆六千七百億日圓。

「第四次防」五年計畫，主要的生產了戰車二百六十一輛，裝甲車一百四十一輛，自走砲四十七門，作戰軍用機一百五十一架，地對空導彈三羣（以上屬陸軍）；護衞艦九艘（包括能載直升機的，有導彈配備的），潛水艇四艘，補給艦以及其他共四十一艘（五萬三千五百噸），這是海軍的軍備。在空軍方面，生產了戰鬥機四十六架，偵察機十四架，支援戰鬥機六十八架，運輸機二十四架，高等教練機等共二百二十一架，此外生產了對空誘導飛彈二羣。這些，不過是已知部份（一九七二～一九七四年紀錄）。

「四次防」下來還有「五次防」，以及現在進行的「中期防」。這樣防衛計畫，已經停頓不下來了。因爲防衛產業有關設備一旦投入，必須接二連三的有訂單到來，才能維持「更新」和「生存」，而涉入此業的都是日本代表性的大公司，有著壟斷性格。

在這若干的軍備當中，日本的海軍，受到了各國的重視。一九八七到一九八九年，《美國海軍協會雜誌》介紹過「遠東海軍中的日本」，還有美國軍事專門週刊《防衛週刊》（一九八九年八月二十一日），也作過研究報導。其中特別對日本「八八艦隊」——由八艦八機體制，構成一個護衛羣（聯合艦隊）的組織，抱有興趣。所謂「八八艦隊」，其陣勢是：搭載三架大型對潛艇直升機三架的護衛艦（DDH）一艘，防空飛彈護衛艦（DDG）二艘，攻擊用護衛艦五艘（各有直升機一架），由這些構成一個作戰單元。日本現有四個這樣完備的護衛羣。其優點是：防空飛彈護衛艦上的防空飛彈，可在三十至一百公里的遠方把敵機擊落，此外並有迎擊飛彈的裝備。

日本的防衛計畫大綱已搞了三十多年，沒有停止跡象，兵器不斷精進，它不是玩玩而已的吧！

一九九二年六月三十日

日本建造航空母艦與中共爭奪制海權

日本在大力發展海軍力量，最新的消息指出，日本在新年度的預算裏，要造一艘大型運輸艦，這大型運輸艦，是設有可以起降輕型戰鬪機與直升機的戰鬥裝置。西方專家說，這不是運輸艦，是航空母艦的卽將誕生。因爲沒有航空母艦，維持一個遠洋艦隊的作戰能力是困難的，而日本又把他們的防線設到一千海里以上，建造航空母艦，是必然的，也是計畫已久的事了。

日本發展海軍的理由，說是中共在擴大軍備，對他們的安全有影響，並強調中共的海軍飛彈已經多種類、多性能化了，要起而對抗。這裏到底中共海軍是否對日本構成威脅？不妨作些觀察。

中共海軍有ASMC-601式艦對艦飛彈，長四百八十公分，直徑五十五公分，翼幅一百六十五公分，重量是一千零二十五公斤，彈頭是高性能炸藥(固體燃料)，射程爲六十五公里，是ARH(active radlo homing)誘導方式。類似的還有HY-4型。此外，日本注意到中共的艦對艦飛彈還有FL-1型的，它長七百三十六公分（直徑不明），翼幅二百七十五公分，重三千公斤，彈頭用高性能炸藥十三公斤。使用固體燃料，加TURBO-JET，射程九十五公里。它是由俄國SS-N-2改良而成。更進步一點的是FL-4型，長七百三十六公分，直徑七十六公分，重二千公斤，裝載高性能炸藥五百公斤（所用燃料同前），射程一百五十公里。比這新出廠的有FL-7與C-801型的。後者有穿甲能力，其外型與法國的EXOECT類似。日本對中共的這比較進步武器，十分敏感。其實，全世界各國海軍的艦對艦飛彈，約有七十種以上，中共所有的不過六、七種而已。

各國海軍戰略思想，因時因地各有不同，美國前海軍作戰部長特納氏，曾把海軍任務規定爲：一、制海——要有海上抑制機能與戰鬥機能。前者是當海道利用受到威脅時，來加應付。後者是自我權利維護的功能，亦即阻止對方的越界。無論抑制機能與戰鬥機能，都得表現在有出擊阻止與在大洋作戰的能力，方克有濟。二、是海軍力的投影，也分抑制機能與戰鬥機能。前者是以通常戰力，把被攻擊威脅消弭；後者是指陸上戰、艦砲射擊、戰術空戰等……。特納將軍的學說，已是美國海軍大學的敎範，於是，飛彈成了海權維護的寵物。

日本眼看中共海軍有那麼多種飛彈，在海軍戰略上除發展新型戰略空中飛彈(ASALM)

以外，決心建造航空母艦，以與中共對抗，其目的昭然若揭。

在日本最新的《防衛白書》裏，提到中共軍事情勢的只有兩節，約五千字，並以附件作了概觀，其中強調在海灣戰爭以後，大陸軍事策略的改變——把主力由陸軍向海軍過渡，這更使日本不安起來，因爲他們是海島國家，對海上力量的消長，特別重視。

最近日本報導說，中共在東海進行了資源調查，並說中共把海軍動員起來，在四年之間，調查了中國東海海域七十七萬平方公里，調查了大陸棚四十六萬平方公里。又對三十萬平方公里的水深、海底地質、航行障礙物以及水流，作了調查。然後說中共的行動越界調查了釣魚臺附近海域，這裏有豐富油礦深藏海底。

情況不止如此，日本說，中共增強海軍，著實對他們有了麻煩。在中國東海的公海上，（由沖繩至釣魚臺的外緣），中共海軍時常對日本漁船發砲臨檢，中共的艦艇不掛國旗揚言說是取締走私。這類事件共有八十多起，在這過程只有四次中共表示了遺憾。日本專家說中共的意圖是，想在東海設定石油生產礦區，並把東海視爲「中國的海」。

由這些潛在的糾紛來看，日本主張的海域中間線與中共主張的不同。尤其是日本的一千海里防衛線，由本土而南設定到關島與菲律賓北部，它與臺灣管轄區重疊，當然是問題很多。現在這些問題雖未表面化，但在任何一方海軍軍力有壓倒對方可能時，太平洋地區就不太平了。

就日本現有海軍力量而言，中共還是屬於較弱的一方，輕啓戰端是不可能的。但是，由此進入軍備競賽——冷戰後的冷戰，似乎難免。日本與其周圍國家的爭點很多。它與俄國之間除北方四島問題以外，還有該區域的漁業權、油田開發權問題，日本直稱這些是「再來型」紛爭。日本與南北韓之間，除竹島問題外，還有賠償問題，技術移轉問題，並把這些問題規定為「再來型侵略」。誰侵略誰呢？當然是說來自半島的侵略。

最後日本又把中國大陸設定了幾種可能。一、是鄧小平死後混亂期；二、大陸改革開放期；三、出現華南共和國與大動亂期。說這任何時期的到來，都有釣魚臺問題、領海開發問題、賠償問題與難民流入問題，說這也有「再來型侵略」危機。

由於日本自認有這麼多危機，要船堅砲利，要造航空母艦，就理由充足了。日本自認在東西冷戰時代他們是受益者，由於蘇聯的瓦解，他們的利益也瓦解了。一切要從此再出發。這個出發點，是從擴大軍備開始——現代戰爭，沒有制海權，一切談不上。日本開始建造輕型航空母艦的目的，在擴大制海權，這將引起許多國家的不安。

一九九三年四月二十八日

日本對南沙羣島隔海搔癢

日本對南沙羣島的主權歸屬，以及對南沙羣島的海底資源，寄以莫大「關心」，更對這條海上交通線，視爲「生命」。因此，他們把一千海里的防衞線延伸到菲律賓北部，使南沙臨近「射程」之內。棋，是先下一著，再看下步。

南沙羣島有一百八十多個大小島嶼和岩礁，但面積在百平方公尺以上的，只有七島。來自日本的調查說：最有戰略價值的太平島，在中華民國掌握之中；又，羣島中的赤瓜礁、南薰礁、渚碧礁、永暑礁、華陽礁、東門礁，在中共手裏。此外，景宏島、鬼喊島、南子島、鴻庥島、南威島和瓊礁、染青東礁、漳溪礁、船蘭礁、大現礁、畢生礁、東礁、中礁、日積礁、南海礁、無瀨礁、柏礁、南華礁、安波沙洲，在越南手裏；半月礁、費信島、馬歡島、西月島、南鑰島、北子島、中業島，在菲律賓手裏；只有彈丸礁，在馬來西亞手裏。其他，還有司令礁、艦長礁、海口礁、乙辛礁、信義礁、半路礁、仁愛礁、牛車輪礁、二角礁、美濟礁、仙娥礁、皇路礁、南通礁、光星礁、須美礁、三叉礁、西礁……這些可能是無人島，無法駐軍，管轄情況不明。從這些礁、島的名稱之雅，日本迄今也沿著這個「漢稱」，只此一點，也足證它是中國的固有領土。

上述這些岩礁，無論多麼小，只要是在漲潮時也露出水面，依海洋法規定，就構成領土，並可由此外延兩百海里，爲經濟水域。因此，日本且把他們最南方已被海水浸沒的「沖之島」，用水泥灌注起來，使滿潮時露出水面，以維持領線內的廣大海洋資源。由此可見，岩礁是寶，中國南海的，價值更高。

由南沙羣島被割據的情況來看，越南佔領了我們相當多的礁、島，其次是菲律賓、馬來西亞。現在，沿岸國家爲了爭奪這裏的海域資源，都在增強海軍力量，印尼從荷蘭買了六艘護衞艦；馬來西亞自一九八八年九月，就和英國簽約，要買四十八億馬幣的武器，以推動海、空軍的現代化；泰國從中共買了六艘戰艦；另以三億美元預算，要買西班牙輕型航空母艦；菲律賓也在建設其自己的海軍。

在這些國家「蕭然環伺」之下，中共也在部署。

關於中共的部署情況，日本杏林大學教授平松茂雄，有篇長達三萬字的論文（載九二年七月《諸君》月刊），文中指出：「中國大陸周邊海域，包括黃海、中國東海、南海的領有面積，約當陸地總面積的三分之一——三百萬平方公里。中共和俄羅斯的邊境問題大致劃清，香港、澳門問題也算解決，剩下的是沿海疆域的界定。特別是在俄羅斯海軍從越南金蘭灣撤退，美軍也要從菲律賓撤退的環境下，對中共海軍活動，形成了有利條件。」

作者平松茂雄又引中共《艦船知識》雜誌的話說：「在二十一世紀初，中國南海海域，有發生局部戰爭可能」（《艦船知識》雜誌，曾在一九八九年十一月號發表有中共的〈海軍建設方針〉一文）。

那麼，中共既有部署，其海、空軍力的發展情況又是如何？

對於這些，平松茂雄敏感的把中共、日本、中華民國、菲律賓、越南、馬來西亞、印尼、泰國等，有關海、空軍作了數字上的比較：

一、潛水艇：中共九十三、日本十五、中華民國四、印尼二。

二、驅逐艦：中共十九、日本六、中華民國二十四。

三、Frigate艦（在美國指介於巡洋艦、驅逐艦之間的，在英國指小型驅逐艦）：中共三十七、日本五十八、中華民國十、菲律賓二、越南七、馬來西亞四、印尼十六、泰國五。

四、沿岸哨戒艦艇：中共九一五、日本十四、中華民國七十三、菲律賓五十一、越南六十四、馬來西亞三十七、印尼二十七、泰國五十三。

五、戰鬪機：中共五一〇〇、日本五三五、中華民國四四四、菲律賓九、越南二十五、馬來西亞五十一、印尼四十、泰國七十二。

六、轟炸機：中共五三〇。

文中數字、艦艇是指多少艘，飛機是指戰鬪用的多少架。在這主要的六項中，未列入國名的是無。當然，光從數字來判斷軍力，是不充分的；可是，平松茂雄看好中華民國，他說：

「中華民國空軍發展的『經國號』，到一九九〇年代末，會生產二五〇架，以此代替F-5E和F-104，它比中共的F-8性能高；但屬輕型戰鬪機，戰鬪範圍限於臺灣空域。更重要的是臺灣有二十四艘搭載飛彈的 Frigate 艦在建造中，也是到一九九〇年代末期可進入戰鬪序列（**現有的三十四艘將要退役**）。一旦中華民國的機、艦更新完成，在臺灣海峽與周圍海域，會形成新的力量，這個力量也可及於中國東海與南海。」

日本重視中華民國的海軍發展，也擔心中共的海軍力量，在許多資料中，都已躍然紙上，因爲他們對這地區，在靜態中維持著警惕。

在平松茂雄的這篇論文裏，也介紹了中共自一九七四年攻略西沙羣島後，轉向南沙獲得了六個據點經過，那是指一九八八年三月中共海軍在赤瓜礁登陸後，在六個岩礁上擊敗越軍，至此在四個羣島之中，有三個也算下了棋子。於是著者也擔心起釣魚臺問題來。說：「中共已有制海、制空能力，早晚會出動海軍設定排他的經濟水域。」他還說：「中共以烏蘇里江上的黑瞎子島交換俄羅斯靠海參崴的沿海洲，而這地方離日本海只有十五公里，將來日本海也有問題發生。」這是相當敏感的，不知情報從何而來？

由於日本的重視中國南海，一九九一年七月在印尼召開有關國際會議時，就希望參加進去，著者說：「被中華民國和中共反對掉了。」參加的理由，說南沙羣島水域是日本物資輸送必經之路，要維護安全。一九九一年的會議，發表過六項聲明，一九九二年的會議似乎沒有進一步結果。看起來，星羅棋布的南沙羣島只有等待終盤戰，很難和平解決。

據河內的外電報導說：中共海軍已在一九九二年七月四日，於南沙羣島中的多祿島上陸，這裏是無數岩礁之一。爲此，越南外交部向中共遞交了正式抗議備忘錄，這備忘錄並出現於一九九二年七月八日的越共機關報上。

一九九二年七月九日

補記

日本對上述問題極爲敏感，因此一直在東南亞各國之間進行挑撥，說海峽兩岸將在這地區合作，對有關國家構成威脅。日本一面強調和平解決，一面希望多數國家把南海分割了。分割不了也要維持現狀。中共認爲目前不是採取行動時候，所以在去年派李鵬訪問了越南；據報把主權問題暫時擱置，有了共同開發的協議。其實這是一著錯棋。

又，自從本文發表後，日本相繼作了一連串報導評論，其中一改過去的態度，把我說的南海諸島中文名稱，取消漢文，代以日文名稱稱之，用心可知。

一九九四年二月九日

日本和中共軍備競賽與亞洲冷戰的延續

日本一直報導中共從烏克蘭、從俄國遠東艦隊購買航空母艦的消息。這些消息的可靠性雖然成謎，但是他們透過新聞媒體，花大把鈔票來買這些情報，並作情報「操作」，來搞自己的航空母艦，這是值得玩味的一個手法。

日本對大陸的軍事動向極其敏感，於是說中共有威脅，以及主張封殺中國大陸的論調，也逐漸擡頭了。最具代表性的，諸如東京外語大學教授中島嶺雄、東京工業大學教授渡邊利夫、上智大學教授渡部昇一、慶應大學教授小此木政夫、靜岡縣立大學教授中西輝政等學界可以站出來公開進行「挑戰」的，都說「日本中共敵對時代已經來臨了」。還有隱在幕後的反中國大陸的無數政、商界人士，也起了更大的作用。

所以日本和大陸的關係，是貌合神離的處在敵對立場與軍備競賽狀態，雖然表面上還唱著「友好」的曲子，事實不是那麼一回事。

日本和中共進行軍備競賽，就是亞洲「後冷戰時期」的到來。這對臺灣是好事？還是壞事？要大政治家來判斷。起碼，中共對臺灣不肯放棄武力，它與日本的軍備以及早前日本所說的「臺灣地位未定論」，不無關係。

長期以來，日本一伸手到臺灣政治層面，中共就有敏感反應。中共對日本染指臺灣，比臺灣獨立更不能容忍，這也是世人皆知的。因爲日本和中共，基本上是對立的，這裏無所謂「恐共」，是何時該對立到何種程度的問題。在這裏，日本只是考慮他在全世界的處境而已。

日本和中共處於敵對狀態，並非杜撰的；所有這些言論，都是出於日本方面。去年十一月，日本「*Voice*」月刊，曾以「日中敵對時代」、「共產政權消滅時，封殺中國」爲題，出了特輯。

在這特輯裏：(1)強調蘇聯雖然解體了，東歐也崩潰了，亞洲的冷戰尚未終結。原因是，中國大陸與北韓還有共產政權存在。這代表著軍備競爭的來臨，它將釀成激烈的「熱戰」（特輯裏的話）。(2)說中共隨著經濟自由路線的擴大，在急速成長中會造成國內市場分裂，因此會有「地域的不同政治體制」誕生，最後是分割與分裂局面；它與垮臺的蘇聯同樣，將有民族對立的內戰上演。(3)說日本是亞洲大國，要在維持亞洲的安定秩序中尋求利益；並主張與美國携手消滅中共政權。在方法上，把以前對抗蘇聯的自衛隊兵力，轉而西向中國大陸。(4)也有蔑視言詞——說中華思想，不過是「白髮三千丈」的不切實際。

在這些內容裏，也談到日本懼於中共作「美日的離間」工作，當然，日本也不希望中國大陸和美國友好。

在敵對狀態中，五月十三日的《產經新聞》，又大幅報導了中共建造航空母艦的密聞，說這是從中共海軍內部文書得知的。

這份內部文書說：「在一九七四年，周恩來於病榻召見葉劍英，謂建造航空母艦已是時機，要研究以航空母艦作戰的組織和指揮系統。」其後，在一九八九年的全國人民代表大會常務委員會席上，又通過了這種議案。到一九九一年，中共曾召開首次海軍工作會議，進一步決定了到二十一世紀初，要有航空母艦下水。

內部文書又指稱：在中國海域，有相當二兆美元價值的海底資源，這些領海包括了南沙羣島、西沙羣島及釣魚臺水域。說要強化海軍力量來保衛這些領海。

又說，中共要購買烏克蘭航空母艦，一艘價格要四十億美元以上，自己製造只要五分之一的價格，約八億美元即可完成。

計畫中的中型航空母艦，在甲板上可停二十架戰鬥機。建造這樣的航空艦隊，並說已列了一百億人民幣的預算。在技術條件上，提到中共的鋼鐵生產量已達五千萬噸，大連造船廠曾建造過十二萬噸的油輪，積有相當經驗。

更使日本擔心的是一九九二年二月中共宣布的領海法，把釣魚臺也包括進去了的問題，那時，日本解釋說是出於中共軍方與當政者權力鬥爭的結果，言下之意，若不是軍方作此強硬主張，中共不會把釣魚臺問題攤出來。這是日本故意淡化領土紛爭的表現。

但是，在前述中共內部文書裏直指「日本把中國七十七萬平方公里的領海分割去了。日本四萬六千人的海上自衛隊，在中國領海游弋監視。日本海軍在九十年代，曾有回到南中國海的企圖。」日本《產經新聞》駐香港特派員相馬勝並報導說：中共對日本在高度警戒的同時，有激烈的對抗意志。

日本，不承認中國東海、南海，是中國的海。因此，杏林大學教授中共軍事問題專家，曾在防衛廳工作過的平松茂雄教授說：「已得到的情報是，中共在建造直升機用的航空母艦，其目的是想把有石油與天然瓦斯的尖閣諸島（釣魚臺島）、東支那海、南支那海，使成爲中國的海。」

到底「東支那海」、「南支那海」是誰的海？這也是日本和中共立場分歧之處。日本防衛廳的一位官員松田康博說得好：戰爭都不願意打，砲艦外交，可能從此上演？

一九九三年五月十五日

日本的海外派兵計畫與有關策略檢證

日本「海外派兵（PKO）法案」的通過是預料中的事，因爲日本的政策形成，不是突然而來；一旦在「共識」之下作了決定，就是國家的總目標了。對這總目標，是橫衝直闖的，要百折不撓的推挽向前。這樣例子不勝枚舉，如增稅（消費稅），把防衞預算設定在GNP的百分之一等舉措，都是如此。這些作風雖然難解，但是，從他們已逝世的天皇裕仁，在二次大戰戰敗前給當時尙年幼的皇太子明仁的一封信裏，可以看得出來。信中哀傷的說道：「日本國民知進不知退。」這是最能代表日本人性格的一句話——不適可而止。

我們觀察國際問題，特別是論列日本，絕不能有情緒的或有半點成見存在。在這前提之下，討論日本爲何在蟄伏四十年之後，不甘寂寞的來個「海外派兵法案」？又爲何在共黨威脅已告解消，世界大戰難能再起的現在，要把部隊派到海外？凡此動向，値得注視，因爲這是「新軍靴」的起步。

日本的海外派兵計畫，從表面看來，是從波灣戰爭，想到「人力貢獻」。其實不是這樣。在一項未公開的這方面重要政策文獻裏，早就指出：「在美、蘇『兩極構造』下雖然保持了國際均衡，但兩國經濟力已經式微，勢將由兩極化演變爲多極化，轉而亂象環生。日本爲對應這種情勢的到來，必須把安全保障政策加以更張。」這是蘇聯解體以前，日本的政策指導要綱。其中特別強調了「日本企業已進出於世界全域，日本人捲入現地紛爭的可能性大增，只求國內安全而已的時代，已成過去。」從這些話裏，可明顯看出，日本「海外派兵法案」的最後目標，有著保護在外資產的用心。保護在外資產，在某種情況下，訴諸武力，這和戰前日本宣示的「安全線不在國境以內」，是大同小異的，有著一脈相承的性格。

但是，日本的軍事行動，不會馬上到來，還要十年或更多歲月。現在只是布局，這布局首先著重的是強化日本所謂的「一千浬防衞線」，因此日本的艦隊在年年更新設備。此外，日本對朝鮮半島的動態極其敏感，有理由說，日本對朝鮮半島的戒備是每分鐘未曾鬆懈的。這些情況並不爲日本民間所理解，以致政府的「遠見」和民間的「追求近利」，有著一定距離。在一九九二年六月八日日本《朝日新聞》所作的民意調查，有半數以上主張解散衆院，將此案直接問政於民，《每日新聞》所作調查，結果相同。但是《讀賣新聞》則說有百分之四十以上，是贊成這個「海外派兵法案」的。這些言論的分歧，是代表著互相立場的不同，所以結果並非正確。

日本的年輕人，頗多對戰爭時期日本的慘狀印象模糊，現在日本雖有自衞隊的存在，但在一般看來，不過是靠薪資生活的公務員的一種。非到徵兵時期，沒有過多感受，所以在民間持旁觀態度的居多。

現在由於「海外派兵法案」的通過，使日本邁入了「新紀元」。日本的知識分子擔心「階段的擴大」，最後不免徵兵，成爲「天皇赤子」。日本若干評論家都說：「海外派兵法案」通過，步入徵兵之途，只是時間問題。因爲現在自衞隊兵員不足，招募的士兵，且有中途逃走以及不肯開赴前線的。這些士兵違抗命令，也不能治罪，因爲他們是在憲法規定「放棄戰爭權」情形下入伍的。

問題的複雜不止如此。現在，日本設定的派兵第一目標是高棉，高棉雖然出現了和平契機，但是還有共黨武裝部隊不肯棄械投誠。日本出兵，只要稍微不小心，便有發生衝突可能。日本由「人力貢獻」變成「人的犧牲」，不但得不償失，亦必引起更多因派兵失敗而來的政爭。

過去聯合國的「和平軍事派遣活動」，第一次是一九五六年開赴蘇彝士運河與西奈半島的六千人之中，有九十人陣亡；第二次在剛果的一萬九千八百人中，犧牲了二百三十四人。這種活動也在賽普勒斯、敍利亞、黎巴嫩等地展開過，都非平安無事。當然這些犧牲是爲和平貢獻，是「仁義之師」，應該給予肯定評價；可是日本在以前乃至現在，還是強調或追認「軍事是當然的暴力」觀點，甚至日本政府爲戰犯洗脫罪名，恢復名譽，而前去神社參拜。有這概念，如何去維持國際和平呢？凡此，都爲國際側目，因爲日本一旦又成爲軍事大國，有著危害世界和平的疑慮。

現在，是國際秩序重建時代，需要的是地域的均衡發展與釀成信賴關係，「出兵」不是唯一的方法。曾任美國國防部長的麥納馬拉，不久前說：「日本受惠於冷戰時代來自美國的扶植，應從這裏堂堂正正的站起來。四十年前制定的日本國憲法，揭櫫了和平主義的理念，這是人類社會的崇高目標，日本一旦從這目標脫離而轉入歧途，那是最大的不幸。」

日本總理大臣原要參加一九九二年六月十一日在巴西里約熱內盧舉行的一百二十國地球高峰會議，爲了非「出兵」不可，這樣重要的會議也放棄了。

和平？照日本的做法，是隨日而遠了。

一九九二年六月十六日

日本與中共在高棉建立軍事地盤

一九九三年四月十六日來自金邊的路透社消息說：「在聯合國監視下的高棉臨時政府，已有中共部隊空運到達，本週另有一批從海路進駐，合計四百多解放軍士兵的到來，是在聯合國指揮之下，從事道路、橋樑與機場的整修。」伴此同時，聯大秘書長蓋里爲了參加亞太經濟社會理事會，到了北平並發表談話說：「不需要日本自衞隊加入爲聯合國和平維持軍到高棉。」

這兩個消息，急壞了日本。

日本希望「自衞隊」先在高棉登陸的打算，已經醞釀很久。一九九二年，自民黨要員小淵惠三、小澤一郎，先後到高棉活動日本出兵的事，已有成果；一九九二年四月施亞努派他的總理來到東京要求日本出兵維持和平，日本藉此大作宣傳，便是有計畫的演出。可是在這緊要階段，聯大秘書長偏偏說：「派到高棉的聯合國軍已經組成，沒有再要求他國參加的理由，必要的人數已經夠了。」另一方面，中共的「解放軍」默不作聲的竟先一步佔了地盤，這對日本來說，無疑吃了一記「悶棍」，因爲日本正在注視著大陸的「人代會」如何？保守派與改革派的鬥爭如何？想不到，中共對高棉問題的反應如此迅速。

但，日本還是要出兵。

第一、日本外務省命令，亦在北平參加亞太經濟社會理事會的外務次官柿澤弘治，就近與聯大秘書長交涉，問他爲何如此發言？在這情形下，聯大秘書長解釋說：「如果發生有增加部隊必要的那種事態發生，日本若想貢獻的話，聯合國表示歡迎。」於是日本說交涉奏功，頹勢挽回了。日本若干報紙用特號字報導說「聯合國歡迎日本部隊參加」。

由這裏可以看出，日本海外派兵的急迫感與日本輿論界對這行動的支持。日本既已和高棉當局商量好了，聯大秘書長的話，也可有辦法突破。

第二、日本自衞隊出動，還有個絆腳石——海外派兵法案。這些天來，自民黨與在野黨軟硬兼施的在溝通。自民黨幹事長綿貫氏公開說：「如果在野黨抵制海外派兵法案通過，解散參衆兩院是不得已的。」因爲自民黨已籌足了選舉經費（今年的政治資金，公開入帳的已達三千三百八十億日圓），而在野黨有些準備不足，呈現了弱點。

現在公民黨和民社黨，有意與自民黨合作通過這個海外派兵的法案，在言談中已經隱約可見。何況基本上，他們的主張不過大同小異。

中共軍先一步到達高棉，對日本構成很大刺激，雖然只有幾百人，意義也不尋常。在江澤民訪日時期，日本希望由他嘴說出來，贊成日本「人」的貢獻，日本外務省並拐彎抹角的對他的答話作了反覆研究，希望得點線索，也好辦事；對此似乎未能「解」出任何結果。那麼不管如何，日本要出兵高棉的政策，絕對不變，已從各種角度，看得出來。

日本海外派兵，不見得就是立卽的侵略行動；但是絕非沒有目的——爲違憲的自衞隊找個突破口，使之合法化，爲今後軍事出路找個立足點，這是起碼的動機。日本的成爲軍事大國，還要修改憲法與確立徵兵制度，才能實現。現在自民黨國會議員有一百二十人贊成或傾向於這條路線，但是這些問題的克服，多少要些時間，雖然日本的路線一經決定，殊少變更。

此外日本的軍力，不是看自衞隊的兵員有多少，而是看他軍備的方向。現在，日本「宇宙開發事業團」發展的 H-2 型火箭，已經發射成功，它是長四十九公尺，上昇推力達二百六十噸的龐然大物，可載兩噸重的人造衞星。實際這次發射的是間諜衞星，美國國防部已經密切的注意到了。日本對來自美國的反應敏感，這次日本外務省委託蓋洛普公司所作「對日本人的印象」調查，回答「不信任」的，占百分之四十二，較前增加許多，日本卻是不反省。爲什麼？中共和日本在高棉搶著出兵，這對亞洲，對高棉來說，會造成不安，因爲共產黨的軍隊和日本軍隊，能否爲中南半島帶來和平，令人懷疑。

一九九三年四月二十日

高棉大選與日本派駐警察的被殺

多難的高棉，在聯合國UNTAC主導和戒嚴體制之下，在一九九三年五月二十三日舉行了大選。據報導說有一百五十萬人參加了投票，其間波爾波特派（棉共），曾在南部集結兵力、發射火箭，佔據了投票所，並有七人死傷，也有十二名法國軍人被綁架。

高棉已進入雨季，在無秩序狀態，人民黨、民族統一戰線、佛教自由民主黨、自由民主黨，以及施亞努部下領導的民主黨，互相展開了拉鋸戰。這些政黨的成立，都不超過兩三年，基礎不穩。所以，在一百二十個議席的爭奪中，沒有任何一黨可以超過半數。制憲，也要有三分之二的人數才能掌握全局，因此最後出現聯合政權的形態，勢不可免。

高棉的政局，還有著更多的隱憂。何況除了前述幾個粗具規模的政黨之外，還有共和聯合黨、自由發展共和黨、KHMER中立黨、民族連帶會議、中立民主黨、自由獨立民主黨、自由和解黨、復興黨、民主發展行動黨、民族主義者黨、自由共和黨、農民自由黨、民族解放運動黨、共和民主黨、國民會議等小黨林立，都扮演著攪局的角色，成事不足，敗事有餘。

現在較有希望的「民族統一戰線」，是由施亞努的第二個兒子領導，一九九二年二月才正式結成。可是施亞努一直躲在北京，九三年三月始返回高棉。消息說，他有意和由共產黨蛻變的人民黨合作，因爲後者在金邊掌握著行政和治安的責任，雖然此刻選舉尚未揭曉（**投票分三天進行，到二十五日結束**），觀察家預估如果不發生意外事態，「民族陣線」和「人民黨」會佔有優勢（**選後結果正如預估**）。

這次高棉大選，是基於「巴黎和平協定」來辦理的。但是，如何實施？聯大安理會各國，又有了在高棉設立「臨時統治機構」之議，這是ＵＮＴＡＣ的由來。

一九九一年一月九日，聯大秘書長蓋里派一名特別代表明石康來到高棉，這位日本服務於聯大的外交官，在五天之間，就把聯合國的「臨時統治機構」在高棉設立起來了，從此他作了高棉的太上皇。他在高棉搞停戰，搞武裝解除，日本的出兵，也與他的運作有關。當然選舉辦法，也是出於他手。在聯大秘書長的授權之下，他實質的成了高棉統治者，起碼在新政府出現以前，情況是如此。

在這過程，自四月七日至五月十九日的選舉宣傳期間，發生了許多暴力和維持和平部隊傷亡事件。日本自一九九三年九月二十五日自衞隊到達金邊後，一直宣傳安全。可是在一九九二年四月八日、五月四日竟有兩名日本警察在現地被暗算打死了。

這一犧牲，日本的惶恐神情，立刻籠罩了整個社會。「撤退，撤退！」之聲此起彼落。最後，副總理兼法務大臣後藤田、總理大臣宮澤喜一，都站出來說「不能撤！」說：「撤了會影響國際觀瞻。」也有說：「軍隊既然派出去了，死是難免的」。但是，日本朝野對他們該不該送死，看法並不一致。其中且有出征者的家屬，要求會見總理大臣，希望把自己丈夫趕快調回來，前去陳情的。因爲日本政府在搞維持和平部隊法案時，說過不把軍隊派到有危險地區的話。

日本在這個困擾之下，異想天開的，把自治大臣村田敬次派到高棉去了。那是他們在高棉警察被殺之後，不出三十天，就採取了這個行動。自治大臣是管警察的。由管警察的去和聯合國派駐高棉的明石康去辦交涉，莫非是想到都是日本人，遇事好商量？他立即要求明石康，把日本維持和平部隊的軍人和警察，調到最安全的市區。可是，這個在聯合國任職的日本人，面有難色的說：「光對日本軍警優待，其他國家會有反對之聲，是辦不到呀！」結果日本的這位自治大臣，無聊的回到東京。評論家說：「這是造作一下，給老百姓看，表示政府對可能發生的死傷問題，去作過努力了」。

當時的高棉統治者明石康，在東大畢業後曾在外務省服務，一九五六年，進了聯合國日本代表處，又曾做過聯大秘書長的輔佐官，並有一本《國際聯合》的著作。可是，他這次，未按照日本政府期待的，把日本軍警作些優遇——調到不致發生死亡地帶，這是變相逃脫計畫的失敗。

現在高棉大選，在最後關頭，發生什麼問題，尚難預測。可是在日本政壇和輿論界，已經颳起旋風。有的評論說，日本把軍隊送到高棉，是「生體解剖試驗」，因爲憲法規定了沒有戰爭權，被殺也不能與對方作戰。還有的評論說：「棉共和中共素有淵源，中共消極的不行使影響力，要檢討對中國的政策」。其實，中共駐在高棉的工兵營，也遭遇過砲轟。

日前，爲了日本維持和平部隊在高棉處境問題，中曾根、梶山靜六和森喜朗等要人，曾舉行了秘密會談，研究了怎樣應付要求撤退，來自民間的聲音。第二天宮澤喜一在記者會上且說：「派赴高棉的日本警員之死亡，悲如斷腸，作爲總理大臣，自感責任重大」。從這些地方來看，日本軍隊出征，短期內無法得到民間共識；特別是日本認爲對他們有意義有利可圖的高棉，其實危險性最大。棉共何時採取行動，以及如何對付日本，也難判斷。派去的自衞隊員雖然每天有兩萬日圓的津貼，當危險發生時，也免不了棄甲而歸。

現在法國以及其他參與高棉維持和平部隊活動的國家，已表示在選舉產生新政府以後，要完全撤退。日本則強調了陸續駐軍該處的意願。聯合國在高棉的活動日程是，一九九三年五月二十九日進行開票作業，到六月五日才能判明選舉結果。接著在六月十五日前召開議會，並在三個月內起草憲法，如果有三分之二的議員通過，這個憲法才能產生。有了憲法以後，才有政府出現。高棉離正常化還有遙遠的路。

一九九三年五月二十六日

冷戰結束後駐日美軍的動向

美國海軍的日本基地，計有橫須賀、佐世保、沖繩、舞鶴、別府、下田、吳、小樽、鹿兒島、長崎、橫濱等地。其中主要基地在橫須賀，這裏常有各型核子潛艇出入，其次是佐世保。這些軍港，在第二次大戰時就是日本海軍活躍之處，所有設施經再整備之後，是非常現代化的。

由於冷戰的結束，這些軍港的使用頻度也有了變化。因來自以前蘇聯的軍事壓力已告解除，所以美國艦隊，有從日本北部向南移動的跡象，因此佐世保軍港，經常有 Tarawa 級強襲登陸艦出入其間，多時有六艘停泊港內，使與沖繩的普天間基地，呈犄角之勢。

一九九三年三月，美國第三海軍遠征軍駐防沖繩，下轄海上監視、偵察、情報艦羣（新設的特殊部隊）與第一海軍航空團、第三海軍役務支援團（已有部份撤退）。其中作戰的主力，在海軍第三師團。但是兵員已由二萬四千人，裁減爲一萬八千一百人，並進行了新的整編，以適應地域糾紛的迅速行動。美國海軍作戰部長格爾索主張說，今後要一條腿在陸，一條腿在海，作雙棲戰鬪準備。美國駐日海軍的改編，是以此思想進行的。同時，美國潛艇艦隊，也由俄國近海逐漸南移了。

除了以上駐日海軍的變化以外，美國駐日空軍的配備也有調整，首先是把駐防日本北部青森的 P3C 偵察機，南調至沖繩嘉手納基地，並縮小了行動範圍，減少了飛行次數。

這種 P3C 型偵察機，在尾部有探測潛水艦磁氣的隆起物，又在腹部有五十八個集音穴，機體又是不容發現的塗料。擔任太平洋地域搜索偵察的 P3C 部隊，是掌握亞洲地區軍事動態情報的最大來源，在日本有兩個航空團，二十四個飛行隊，又每個飛行隊有九架這樣高性能的偵察機，由設在神奈川縣的司令部指揮。這些飛行隊，每半年和夏威夷總部換防一次，以保持空中偵察力的充沛。

美國在日空軍的嘉手納基地，是世界最現代化基地之一，過去曾獲得過「最優秀基地賞」七次，無論在維修或設施方面，都是高品質的。此外橫田空軍基地，是第五空軍司令部之所在。美國國會曾人派到這裏視察，對若干設備且有更新計畫，足見對這基地的重視。

美國駐日的陸軍，除作戰部隊以外，長期以來，是以各種通信系統，來竊聽蘇聯和大陸情報的。爲此，在北海道稚內市有通信設施；在東京附近的府中和多摩川有通信所；在埼玉縣新座市有大和田通信所。遠在硫黃島、南鳥島也有通信所。此外在神奈川縣共有數個通信所，更不說設在廣島和冲繩的通信所，都是頗具規模的。

這些設施，一九九二年日本防衞廳，共負擔了五億一千餘萬日圓的補助經費，其中，光熱水電費有九百餘億，勞務費有九百餘億。

美國海外基地，在日本情形是，由通信到彈藥儲藏，由飛機場到射擊場，由補給中心到官兵住宅，由加油設施到運輸棧橋……無不具備，耗費可知。這是非經濟的，因此美國在進行裁軍——在國內把四百八十一處基地中的三十一處已經關閉，連帶地把百餘有關設施縮小了。此外也把海外德國、希臘等二十四處基地交還給了有關國家。日本，一直強調美、日安保的重要，短期內不會大規模削減，目前已告縮小規模的，是冲繩牧港補給站。

美國在太平洋的軍力，到去年中期爲止，陸軍有五萬七千餘人，其中駐留日本的是一千一百六十五人，其他在夏威夷、阿拉斯加。韓國有三萬一千餘人（此外另有屬於陸軍的非戰鬥人員九萬餘人）。美國太平洋地區的海軍有五萬二千餘人，其中駐留日本的爲一萬六千餘人，此外分佈在夏威夷、關島、新加坡等地；香港僅有二十人。在這一地區的空軍有三萬四千餘人，其中駐在日本橫田、三澤、嘉手納等地，共一萬二千餘人。其他分別駐防於安德森與韓國的大邱、光州、羣山等處。

現在駐防日本的空軍，正在改編。

第一，把駐留三澤的 F-16 兩個飛行隊，在運用上簡化並加統一了。亦即把第十三戰鬥飛行隊與第十四戰鬥飛行隊，統一在第四三二戰術航空團裏了。

第二，在嘉手納基地，把約瑟夫・哈特指揮的第三一三航空師解散，新成立了第十八航空團（原屬戰術航空團）。

第三，把橫田的第三七四空運航空團，改隸太平洋空軍總部之中了。指揮權和司令官都曾大幅移動。

以前，美國國防部發表過，在亞太地區分三階段撤退的計畫，雖然這樣，美國的主力置於日、韓兩國的，較澳洲、非律賓、泰國爲多，可見美國對東北亞安全的重視。

但是軍備負擔沉重，一架運輸用的直升機（CH-47J）是四十八億日圓，一隻短距離八一式地對空飛彈是三十八億日圓，一架 P3C 偵察機是一百十億日圓，這些都是一年以前的價格，所以，戰爭或者備戰，足以使國家經濟癱瘓，這個情形，已由美、俄兩國的情況得到證實，因此美軍從海外撤退已無法避免。

一九九三年三月三十一日

從歷史角度看北方四島歸屬問題

歷史角度，是眞實角度。

日本對北方領土問題，一口咬定說它是日本的、固有的。以此立場，要求以前的蘇聯與現在的俄羅斯，歸還其齒舞島、色丹島、國後島以及擇捉島。日本在策略運用上，不但態度強硬，而且在一九七三年九月二十日的衆院院會，早就先聲奪人的由自民、社會、公明、民社、共產五黨共同提案，作成了「北方領土返還決議」，以示日本對蘇交涉的決心。同時，日本也時常發動民間組織搞示威運動，並到蘇聯駐日大使館門前喊話，大喇叭聲震街頭，使得四鄰不安。日本對北方四島的要求，可以說無所不用其極，偏偏四十年來沒有結果。

現在的俄羅斯，較垮臺前的蘇聯，國際地位弱化多了，是不是也會對日本低頭？看來問題並不那樣簡單。因爲領土主權之爭，都有歷史的因素存在，任何國家把已有的領土割讓與人，都是重大事件，何況日蘇、日俄幾個朝代下來一直處於對立狀態。雖然輪到葉爾欽，表示了自北方四島「撤兵」和「分五個階段解決」，給日本帶來了希望，但絕不是沒有條件的。因爲俄羅斯至今也未承認這些島嶼是日本的；縱然可以談，不過是退到一九五六年「日蘇共同宣言」的原點上——日本在「金山和約」上，已經放棄了千島列島中的擇捉島與國後島。這兩個大島，猶如兩把劍指著日本的鼻樑，是貼近北海道的戰略要地。那麼，能談的祇是齒舞、色丹，豆形兩島而已。就是這兩個加在一起三百二十七平方公里的小島，分五個階段解決，目的是要五次代償，應該是沒有疑問的。爲何這樣？問題是起於戰爭結果。

人們都知道，第二次大戰末期產生的「雅爾達協定」，其目的在換取蘇聯的對日出兵。其實，沒有這個把中國也出賣了的「協定」，蘇聯也會對日出兵。這從當年史達林的勝利演說，可以明顯的看得出來。他說：「我國人民總有消滅日本的一天，相信擦拭汙點的日子一定到來。我們等待；我們年齡漸大的人已迫切的等待了四十年，這個日子終於來臨了。」史達林的這番話，證明了蘇聯對日本，自日俄戰爭以來的餘恨未消，與儲志報復的決心。「雅爾達協定」，不過是使蘇聯在一九四五年八月九日的對日宣戰，給了正當「許可」，多揀些便宜。因在一週後，日本就投降了，兵不血刃的佔領了樺太，控制了整個千島列島，包括日本至今主張主權的四島，並俘虜了六十萬日軍，送往西伯利亞充當勞工，這些可以說是無法避免的戰爭結果。

就戰後蘇聯佔領這些島嶼而言，「雅爾達協定」對日本有拘束力；對中國只是一種侮蔑。「雅爾達協定」對日本有拘束力，也表現在美國於一九五一年三月提出的對日媾和草案裏，內容是昭彰明著的把千島列島送給蘇聯了；日本也同意放棄了這些權利。只是沒結果的曾經主張靠近北海道的兩個小島——色丹、齒舞，說它是在千島列島的範圍以外。

至於千島列島的範圍，到底起於何處，止於何地？這關鍵性問題的可靠資料之一，是日本「國書刊行會」在一九七七年出版的《千島概況》中記載著：「千島列島是在北緯四十三度四十分、東經一百四十五度三十三分（國後島之南端）；至北緯五十度五十二分、東經一百五十六度二十九分（占島北端）之間。」這說明了有爭執的國後島及擇捉島，都在千島列島之內，是屬於蘇聯的了。

除了這個證據以外，在帝俄時代（一八九六年）出版的俄文百科辭典裏的〈千島諸島〉條下，所記載的經緯度，幾與日本出版的前述《千島概況》範圍，完全一致。那麼，日本要求「北方四島」之說，有些過份勉強，也就嘎嘎乎其難了。但是，要求！

日本除了齒舞、色丹，可以要求的兩島外，加上直指鼻樑的國後與擇捉兩島，構成四島，也有「理由」說。

日本和帝俄初有邦交，是起於一八五四年俄國海軍提督普帝金率領艦隊來到長崎的第二年。那時蘇聯支配著千島列島，日本勢力僅及北海道的國後島，但居民有被迫北上擇捉島謀生的。日本在一八五五年與俄國換文時，還承認擇捉島是屬於俄國（在這之北的是得撫島），但是漸漸的，日本制壓了擇捉島，於是日本強調，日俄原始境界線在擇捉島之北、得撫島之南的中間海線。

但是，在那時代這個境界線亦未維持多久，俄國因應付克里米亞戰爭，不遑東顧，千島列島的南半部十餘島嶼，都落入日本之手了。日本說是俄國招致放棄事態的結果，這是遁詞。

從歷史上看，千島列島的原住民，多為蝦夷。日本的祖先未曾履此，蘇聯的祖先亦未至其地。無論日本或蘇聯，都是由攻伐原住民，先後易主的。其間，諸多掠奪侵佔。例如一八六九年的日、俄「樺太雜居條約」，就是先佔了地盤，再作交涉的結果。更不說日、俄戰爭以後，地圖重劃了的事。最使蘇聯懷恨的是，日本支持列寧打倒了沙皇，在一九一八年俄國革命成功之後，日本又出兵西伯利亞干涉。日俄戰爭，日本從俄國手裏得到樺太，外加所謂交換的千島列島總面積達一萬三千平方公里。這些，由掠奪而來，又被掠奪而去。所以，客觀的來說，這些有問題的島嶼，到底主權誰屬？要看力量的消長而定，談判，不太容易。

日本財界聞人是川銀藏，在五年前發表談話，主張以三千億美元買回北方四島；還有個署名「同僚集團」的，在軍方雜誌上，以大篇幅論文主張，以武力——統合任務部隊JTF-8來出擊，奪回北方四島的。

日本的北方四島，對日本是芒刺在背，對經濟大國有嚴重挫折感，是不用說的。日本為此與俄羅斯之間的關係，很難搞好，免不了緊張，長期敵對，麻煩也不打一處而來。

據日本海上保安廳統計，日本由戰後到第二十七個年頭，蘇聯逮捕日本漁船的數字，是一千三百六十四艘，其中有漁民一萬一千五百九十人。雖然多數釋放了，也顯示兩國關係的過於不正常。

其次，日本擔心俄羅斯太平洋艦隊八百四十艘（其中潛水艇一百四十艘）的出沒，所以在宗谷海峽、津輕海峽、對馬海峽，一直在嚴重戒備。

更成問題的是，鄂霍次克海，是日本與俄羅斯的共同生存空間，偏偏在一個重要水域裏，存在著兩個宿敵。日本與俄羅斯之間沒有和平條約，而日本鼻尖上又有兩把劍，若想拔除，不是戰爭，就得花錢。

一九九二年八月十九日

朝鮮半島的戰略地位和新構圖

日本自一九六五年六月與南韓關係「正常化」以後，就轉身推動，由美、日承認北韓，由中、蘇共承認南韓的外交政策了。這個大膽的轉變，首先表現在「日本與大韓民國之間基本關係條約」的解釋上。在這條約的第三條明文規定著「大韓民國政府，一如聯合國大會第一百九十五號（Ⅲ）決議所明示的，確認爲朝鮮半島的唯一合法政府。」按照這個條文，南韓主張他們是朝鮮半島的唯一合法政府，乃是當然的；不然何必設此一條？可是日本，簽完條約就改口說：「大韓民國在三十八度線以南是合法政府而已。」於是雙方發生了爭執，直到現在。

日本統制朝鮮半島三十五年；戰後雙方談不攏，沒有外交關係二十年；好不容易恢復「正常」關係了，但日本又對這個「基本條約」最重要部分，「賴」了二十七年，日本硬是說：「日文和韓文構造不一樣，所以意思不同。」又說：「唯一合法政府，是修飾詞，在韓文裏加以 Comma 的結果。」問題是不是日本說的對呢？因爲還有英文本，把有關的條款列在下面，一看便可明白。原文是：It Is Confined that Government of the Republic of Korea is the only lawful Government in Korea as specified in the Resolution 195(Ⅲ) of the United Nations General Assembly.

由於戰前日本加害於朝鮮半島過於深刻，戰後又「耍賴」，說了不算數；所以，無論南韓、北韓，對日本的仇恨難消。日本數次去調查韓國人對他們印象，每次都很失望的說，沒有好轉。

我們在日、韓若干糾葛之中提到這一點，是說從戰前到戰後，他們之間的敵對狀態，一直未能解除。南韓眼看著日本要與北韓「交叉」，沒有辦法；特別是在冷戰時期，來自三十八度線以北的威脅，使南韓沒有回身餘地；日本也充份的利用了朝鮮半島的這些弱點。

所以，日、韓之間有著「嫌韓仇日」的流行語，直到現在還是如此。

從日本設計的「交叉」圖式來看，日本在犧牲南韓的同時，也是犧牲中華民國。拉中共承認南韓，作「一勞永逸」之計的廣告，早就打出去了——俯拾皆是。但，天下沒有那麼多如意算盤。想不到的，蘇聯和中共，都先上巴士了，只剩車輪輾起的烟塵，尙未落定，於是日本有了恐慌。

日本恐慌於對北韓承認的交涉，無法擺平，以及對南韓的影響力下降，在朝鮮半島失去了籌碼。雖然現在所有的日本觀察家，都認爲北韓處境更困難了，會向美國、日本伸出友誼之手，這看法，多少有著天眞的一面。

第一，美國不會幫助一個搖搖欲墜的共產國家。今年一月，中共偸偸的要求美國和他共同承認南北韓，希望來個兩者「交叉」，被美國拒絕了，這說明了美國的想法——沒有急著承認北韓的理由。

第二，在這情形下，北韓是否向日本求救？也有疑問。因爲日本和北韓也有著戰前戰後的恩怨，儘管日本積極與北韓談判建交，不付出代價，恐難實現。

因此有理由說，日本現在的處境，非常尷尬。它設計的「交叉承認」，有把自己排除圈外可能，中華民國的受到「池魚之殃」，根源還是來自日本。

南韓與中共建交，與其說是「經濟」的理由，不如說是「政治」的；因爲中共對南韓來說，不過是第七貿易國，所占比重不大。相反的，韓國對中華民國貿易，由於得到優惠，去年有四億六千萬美元的黑字，何況大韓航空，每週有二十班飛往臺北，有百餘班要經過臺灣飛行管制區，這些一經改道或停飛，會有兩億美元的損失。現在韓國經濟停滯，對外貿易不振，能到大陸投資的能力有限，在這方面很難有所作爲，雖然在天津要設工業園區，但迄未完成。

冷戰結束後，國際變化波及朝鮮半島，是不可避免的。現在朝鮮半島的構圖，是南強北弱，包括國際關係與經濟實力。這種均衡的打破，是代表這一地區將從此多事；雖然來自許多國家的官樣文章說：「朝鮮半島可以安定矣」，事實可能與此相反。理由是，中共雖然承認南韓了，但它仍維持著與北韓的友好關係。在必要時，中共站在那邊，很難預卜。此外，北韓的寧邊核武器發展基地，一直不履行接受查察的諾言。而日本對朝鮮半島雖不忘情，可惜它失信於南韓——推動「交叉承認」，是他們外交政策的一大敗筆。所以，日本雖然把外交重點置於朝鮮半島了，但是，在相當時期揷不上手，是容易明白的。可是日本不這樣想。

朝鮮半島的流動性很大，金日成已八十歲，他死後的這個高度專制社會，如何演變，是一難題；同時北韓的經濟已臨破產邊緣，還有其他因素，可能導致垮臺。這是其一。

北朝鮮境內有鈾礦，並有了核子燃料的煉製工廠。造出核子武器，只是時間問題，它的情形和伊拉克相似。日本的情報，說有每年製造兩個或三個原子彈的能力。若然，何時冒險一擊，將有嚴重後果。這是其二。

南韓在得意之餘，也將有所「表現」，推動和平演變，加強對北韓壓力，都是可能的；另方面對日本的軍事大國化，也要進行箝制。後者，在南韓的《東亞日報》、《京鄉新聞》，已非常露骨的表示了出來。這是其三。

由以上這三個原因，南、北韓、日本以及中共，在不久的未來，可能由現在高唱和平口號而轉入緊張關係之中，朝鮮半島自中華民國撤離，就是新的事態與新的變數的開始，危險的信號已經亮起來了。

一九九二年八月二十六日

中共與南韓建交對日本的影響

一九九〇年六月，韓國總統盧泰愚和戈巴契夫在舊金山會談後，戲劇性的在四個月之間就建立外交關係了。在建交前一個月（九月），日本獲得消息，立刻由自民、社會兩黨領袖，率領代表團走訪北韓金日成，並發表了「國交正常化宣言」。在宣言中說「對北韓戰前戰後都要賠償」。可見日本對朝鮮半島變化反應之快！

後來美國國務院派來密使，對日本的趕搭巴士，提出嚴重警告——說北韓在發展核武器，在這問題解決以前，不能承認。日本才把腳步放慢。雖然這樣，還是早早的在一九九一年一月和北韓進行了第一回合的建交談判，直到現在，已搞了五個回合。

戈巴契夫和南韓建交，對日本構成很大衝擊，因爲日本不願朝鮮半島打破現狀。但是盧泰愚執意求變，他在和俄羅斯建立外交關係後，且緊急的訪問了莫斯科，並提供了三十億美元的貸款。日本看在眼裏，妒在心裏。因爲日本亦不願見到俄羅斯的克服困難，但是無可奈何。

幾乎在這同時，南韓又在北平設立了貿易代表部，中共也在漢城有了駐在人員，他們都有特殊「外交官」身分，不是普通商人。在一九九一年，李鵬訪問過北韓，金日成訪問過大陸，南北韓又都加入了聯合國，幾方面都有著蠢動。

南韓的目標非常明顯，以各種管道，各種努力，要承認中共！

一九九一年十一月在漢城舉行的亞太經濟合作閣僚會議，中共外長錢其琛率團出席，韓國當局和他頻頻接觸。一九九一年四月，韓國外相李相玉赴訪北平，那時，他們就敲定要建立外交關係了，因爲在一九九一年十二月，南韓與中共簽訂「貿易協定」以後，韓國赴大陸投資者驟增，更不說在北平亞運期間，韓國旣送汽車又送錢的那些手法，有理由說，他們的建交，一點兒也不意外。

一九九二年八月二十日，日本各報，和臺北一樣，都大量報導了南韓與中共建交的新聞；特別是NHK在晚間節目且插入了專家的分析。這位專家很爽快的說：「這是韓國聯合中共，對日本在PKO法案成立後的抵抗措施。」

這話不錯！它是日本最擔心的事。

但是官方說話，不能這樣率直。加藤官房長官在二十日說：「中韓關係如何推移，是第三國的事，不便評論。」但又補充謂：「南韓與中共建交早就意識到了，未想到這樣快。」日本外務省表示：「從此中共的改革、開放政策，勢必進一步向前推動；就對北韓的影響而言，亞洲安定可期。」這話的意思是，北韓更孤立化了，日本和它打交道會變得容易。

此外日本經濟界也在商言商的反應說：「南韓與中共貿易已超過五十億美元，中共和西方諸國強化依存關係後，長期來看對日本企業有利。」日本經濟新聞，且在社論中指出：韓國與中共建交的條件是：「(1)承認只有一個中國，(2)韓國與中華民國合作關係中止，(3)韓國對中共提供二十億美元貸款，(4)中華民國的漢城大使館移交中共。」雖未提到消息來源，這個可能性，似乎無法排除。

韓國不顧一切，急於和中共建交，最大原因有二：第一是來自日本的政治、經濟與軍事壓力，不斷增加。南韓對日本的若干作爲一直不滿，寄望有共同抵抗日本的夥伴。第二是日本有意拉攏北韓並提携之，使南北韓的統一成爲不可能。這些都使南韓隱憂綦重。NHK的報導作如是觀，此外的這類旁證也非常多——日本對「中國」有所圖謀時，朝鮮半島是他們的跳板；在對「中國」有所戒備時，朝鮮半島是他們的防線**（這裏所指「中國」包括過去、現在與將來的中國）**。

日本和朝鮮半島之間的一筆爛帳殃及中華民國臺灣，這個事實，還不止於現在的狀況，往遠看還有更麻煩日子。眞正的影響不是目前的斷交，而是朝鮮半島面臨統一時的手段——發生戰事，那會爆出大的問題來。

日本和朝鮮尖銳對立，能否解消？看來不能。日本的祖先是朝鮮半島的貊族、濊族，因高句麗南下，原居朝鮮咸鏡北道沿海以漁撈爲生的濊族與在山區以打獵爲生的貊族，被逐下海登陸日本，這是日本原住民中的一個大族羣。這個族羣在相當時期受到了來自朝鮮半島的壓迫，特別是在「百濟」時代。中國之視朝鮮與日本，自古是遠日本而照應朝鮮的，這從宋代日本乞兵於中國的「表文」可以看得出來。

當前，南韓與我國斷交，影響輕微，因爲盧泰愚，一直未曾訪問臺灣，有邦交與無邦交，相差並非太多。可是對北韓的影響，就不可以道里計了，對日本的影響尤其深遠，現在是故作鎭靜而已。在這情形下，加強對日外交，會變得較爲容易。

一九九二年八年二十二日

經濟・貿易

日本泡沫經濟的發生與其大投機之結果

BUBBLE，直譯是「泡」或「幻想」；但是，說日本現在是「泡經濟」或「幻想經濟」，顯然不通；而且在經濟學領域裏也沒有這樣名詞。事雖如此，日本的新聞、雜誌乃至學者、評論家，都以「氣泡經濟」來比喻日本經濟的現況。晚近以來，日本喜歡「造語」，「BUBBLE經濟」，就是兩年前才出現的名詞。

那麼日本經濟只是起個「泡」嗎？「BUBBLE經濟」代表什麼意思呢？儘管這名詞是新生的，但是事情並非沒有前例。一九二九年起於美國的股票大跌與繼之而來的「大恐慌」，可以看成是BUBBLE的一種。當然六十年前的美國乃至世界經濟的結構，不同現在；但從「恐慌」(CRISIS)理論來看，現在日本的情況，它不是一般「景氣」與「蕭條」之間的正常循環，是「擴張過度引起的爆炸性清算」，是「正常運作被切斷了的一種激震」。所以，日本所說的「BUBBLE經濟」，是遮遮掩掩的一種，「不祥」預兆，或者它就是「大恐慌」的構圖；換言之，BUBBLE不是個「泡」（化學上的泡沫是FOAM），應該是坍臺、崩潰的意思，雖然日本不願啓用這個名詞。判斷日本經濟是否坍臺？說來話長。

溯自一九八五年九月，在紐約舉行的五國財長會議，爲美元價位偏高問題，曾有討論，並繼之以行動。從此日本把中央銀行（日銀）的貼現率降低，三年間低到了百分之零點二五，因此造成了幾個後果。第一，游資充斥，股市和土地開始上漲，有人一夜之間成爲暴發戶。其中獲得暴利最多的是金融、保險、證券和大企業。因爲日本上市的股票，有百分之七十握在或分散在大企業手裏，理由是爲股東的安定化、固定化，避免被第三者收買奪取，避免美國式M&A那類情事發生。其實這種經營政策，有著壟斷的意味存在。其次是土地；日本稍具規模的企業，都有不動產部門。因爲日本的稅制，對法人擁有的土地是優惠的課稅較低，於是大企業就是大地主的事實，在日本成了無法打破的難題。

股票和土地的相當量在大企業手裏，操縱起來，非常容易。以一九八五年日本貼現率下降爲契機，全面的發生了炒股票與炒地皮的風潮。在這七年以來，是瘋狂了似的一波一波的投機。在衝鋒陷陣以後，又來個秋風落葉般的一蹶不振，問題是非常嚴重的，危及到日本經濟，也會影響到全世界的景氣。

先說日本的股票市場。

日本上市的股票，分「東證一部」、「東證二部」；「大阪一部」、「大阪二部」；此外還有「名古屋」地方性上市的股票共有三大市場。「一部」、「二部」，是按企業規模與資本額的大小來分的，「東證一部」都是日本代表性的企業，只此卽有一千二百七十家；「東證二部」則有四二四家。大阪和名古屋地方性的也不下一千五百家。此外還有「店頭登錄株」四四八家。後者是沒有資格上市的，把它稱之爲「店頭股」，同樣的在證券行公開買賣。這樣算來，日本有三千六百餘家企業的股票在市場流通。最大的公司像「新日本製鐵」發行了十億一千餘萬股（也有三十億股的公司），最小的「店頭股」只有百、八十萬股，三六九等，參差不一。當然，發行的股票，不能全數上市，因爲那等於把公司賣了，失掉了經營權。經常都是有百分之六十以上控制在手，以策安全。

這麼多公司的股票，在旺盛期，透過證券行，每天成交量達到過十二億股以上，平常也在五、六億股之間，所以各證券行的手續費（約往復交易額的百分之三點五）滾滾而來，這不過是「單純收入」之一。在股票市場進行交易的，以銀行、其他金融業、壽險和損害保險公司、事業法人、投資信託公司、證券行與外國證券業（所謂外人），爲興風作浪的主體。資金量的龐大，都在幾千億與幾兆之間，在股票市場，小手指一動，便可翻雲覆雨，操縱自如。此外，日本還有專業於此的「仕手集團」（專門炒股票的資本家），其中較著者如

「秀和不動產」等，大小計有百餘團體（都與證券行有勾結，並互為利用）。不屬這些集團的個人，在最多時也達到過七百五十萬人，在這大煉獄裏打轉。也有八種每日發行的「證券新聞」小報，消息半眞半假，爲野村證券，爲「機關投資家」，搖旗吶喊，鼓動風潮。

如前所述，在一九八五年九月，日本銀行把貼現率下降以後，股票市場就開始激烈波動了。

第一個高潮，在貼現率下降不到一年之間的一九八六年年中，日經平均指數（有代表性二二五種的股價平均），就由一二、五八九點，躍昇爲一八、九三六點了。

第二個高潮，是由第一高潮稍加調整後再出發，一路攀高到一九八七年六月七日，爬昇到了二五、九二五點，已臨危險狀態。

第三個高潮，是兩進一退的，到一九八七年十月十四日，達到了二六、六四六點，突然來個「黑色禮拜一」——美國股票暴跌（一九八七年十月十九日），日本隨著由二六、六四六點，跌到二一、○三六點，一日之間跌了五千六百點。因是外來影響，傷勢不大，到第二年（一九八八）一月，又重整旗鼓上昇，在八個月之間，不但恢復了舊觀，而且「超前」的達到了二八、四二三點。

第四個高潮是，從此「休息」兩個月，到一九八八年十月，迎風上昇，再上昇，上昇有史以來的最高峰，是一九八九年十二月二十九日。當時日經指數達到了三八、九一五點。僅以東京證券交易所來說（通稱「東證」），上市股票的時價總值，突破了六百兆日圓（紐約僅及日本的二分之一）。可是，不旋踵間開始下跌，暴跌到一九九〇年四月二日，僅剩二八、〇〇〇點了。四個月之間，跌了一萬多點，才算暫時止住。這個暴跌，使許多人驚呆了，連「行家」也打不定主意了，只有證券行和大企業——操縱者，心知肚明，他們知道股票還未落完！

因爲股市達到最高峰時，日本銀行把貼現率調高了，由百分之三點七五而百分之四點二五（在這之前由百分之二點五調高到百分之三點七五，未發生效果）。日銀的目的，是要「緊縮」、「再緊縮」，這個情報早爲那些大企業所知，利息提高就會股價下落，這是無法避免的鐵則。

果然，日銀又有了第二次與第三次的貼現率上昇，最後一次是一九九〇年九月，上昇到了百分之五點二五。於是股市一瀉千里，由當年四月間暫時叫停二八、〇〇〇點，波浪式的下降到今天（一九九三年四月十日），日經指數，只剩一六、七八五點了。「東證」時價總值，也由黃金期的六百兆日圓變爲二百五十六兆日圓了，由最高值到最低值的現在（一九八九年十二月至一九九二年四月），日本的「財富」，有三百四十四兆日圓，不翼而飛。這個「泡」，未免太大了。

三百四十四兆日圓，相當於三兆美元，它突然飛了也許不要緊；一旦股市回昇，這個「時價」還會調上去亦未可知。但是這次不同，除了這個「泡」以外，還有其他重症。

且看問題何在？

第一，這場投機大戰，是史無前例的規模太大，做得過火了。大企業從股市撈到錢就炒土地。他們本來就擁有並壟斷著多數土地，一如前述，但這次是猛烈的、循環的使土地上漲，再以土地擔保作多額貸款；得款投機股票。有一百坪地，可向銀行貸得幾億或幾十億資金，因東京最佳地段的土地每坪有高達一億日圓的。在這幾年之間，日本全國土地的總評價額，已達一千六百三十七兆日圓，而美國那樣廣大面積，其全國土地的總評價額，換算日幣，也不過四百零三兆日圓。由此可知，日本地價的離譜，達到了何種程度。

在前兩、三年，日本企業像酩酊大醉一樣，不但在日本，更到美國、澳洲、加拿大搞不動產，使得加州、雪梨、多倫多，都曾土地上漲，更不說夏威夷的土地成了日本勢力圈。這些投資，約在一兆日圓以上。現在，由於股票慘跌，地價下降，景氣低迷，開始惡性循環了。手上的土地和股票，都成燙手貨，自然這些投資都處在有去無回的狀態，以致資金短缺的情形十分嚴重。

第二，日本各大企業的股票上市，就是吸收游資手段。但因擴張欲求太大，不但再向銀行多額貸款，更廣爲發行各種公司債。其中有「時價增資發行」、「轉換社債」（Convertible bond）、Warrant 債等名目繁多。只是以上幾種的發行量，在一九八九年，達到過二十四兆八千億日圓。一九九〇年也發行了十兆四千億日圓，最少的一九九一年是五兆三千億日圓。這些天文數字的債券既發行於國內，也發行於歐洲各國。這些債券不但要在一定期間償還，而且是與股價相呼應，在一定條件下，有著保值的義務。例如在一九八九年發行的債券，當時一股是兩千圓，現在只剩五百了，這個差額要發行公司賠償出來。今年、明年已屆償還之期的，至少不下十兆日圓。在這情形下，舉債的各日本企業，都面臨了困境，想使股市回昇，已無操縱能力。

第三，由於股市與地價下跌，惡性循環的結果，不但倒閉者累累，銀行的自有資金比率已經下降到「國際清算銀行」所訂的標準以下了；同時，日本四大全國性證券行都已跌落在大幅赤字中，昔日風光不再了。也因此發生了各種破綻和「不祥」事件——保證某些集團一定賺錢，而吃掉了另些無關的客戶，其實這是犯法行爲，直到現在，這類糾紛，還未完全過去。

日本政府先是旁觀，現在覺得情勢不妙，降低了貼現率之外，又有了景氣對策：一、爲企業調度資金，考慮認可發行短期社債；二、在預算裏增加了公共建設投資；三、緩和有關金融市場的各種管制；四、揚言可以動支公有的基金等。但是，短期內，較難恢復投資家的信心，因爲這幾年來累積的「不合理性」太多。雖然上週五（一九九三年四月九日）的一天，股市突然翻騰一千餘點，但要眞正醫好這個重症，看來還要一些時間，搞不好會眞的坍臺，陷入「恐慌」！

一九九三年四月十四日

日本經濟不知谷底在何處

日本當前最大的課題，是四十年來在高度成長之後，經濟陷入了極度不景氣。

現在日本代表性的汽車工業、電子產業與精密工業，不但好景不再，而且都陷入了赤字經營狀態，情況的嚴重，是戰後以來僅見。

這種事態的發生，日本經濟學家，現任倫敦大學教授，曾擔任過世界數理經濟學會會長的森島通夫，早在十年前就預測到了。他說，「日本病」和「英國病」不同。日本在戰後，是以單純劃一的方式，培養了大批均質的勞動部隊與企業戰士，以此建立了「量產型」國家體制，向「非量產型」國家進行豪雨輸出，這種經濟戰，必將敗北。原因是日本把世界市場給搞疲弊了。

「量產型」國家「病態」的病原菌，是來自利益誘導型的國家政策，這種政策，又導致了政治腐敗，形成惡性循環，它和「英國病」不同。英國是在ＧＮＰ成長、國際收支、失業率與通貨膨脹上，顯示了成熟的停滯；森島通夫說，這個症狀並不可怕，可怕的是，日本把全國搞成世界性的工廠，它一旦崩潰，將有半數工廠關門與大批失業發生，並導致整個產業萎縮。

現在工廠關門已經開始了——由鋼鐵業到汽車業，全面在往縮小經營過度。裁員減薪與「一時歸休」（員工暫時離職待機）也開始了——失業者已有三百萬人。中小企業大批的向中國大陸尋求出路，其中的一部分在煙台與大連共同的建造了「工業團地」。更深刻的是，許多企業喪失了信心，不知道他們的經濟谷底在何處。日本經濟的致此之由，不止是森島通夫所說的那些，它另有長期構造的不健全成因。

第一、各企業經營，從一開始就是以國際競爭與外滙獲得爲目標，把所有資源與人力分配，都作了偏執的與偏向的投入。

第二、經濟政策重點化的結果，不斷的作效率追求，在這上面作人力開發（以一當十）與技術開發，快速的推進重化學工業，並達成了「世界生產基地」的國策——石油化學、汽車、機械、電子工學，占有了世界市場。這些，通稱ＭＩＴＩ型產業（在通產省主導下的產業），它的育成，日本以其特殊的條件和辦法，引起了世界的不安。

其中構成問題的是，由國家保障了其投資的風險。

日本無論戰後復興與後來的高度成長，企業無不依賴政府金融機關的巨額融資，這種低利融資，日銀與其有關金融系統扮演了重要角色。在這金融政策下，有龐大資金，流入產業和企業集團——有策略、有計畫的作了集中供與，並作了指定項目的集中生產。這種膨脹的「信用創造」體系，是任何國家所沒有的。不但這樣，另對企業利得在股息的分紅方面不加課稅，長期給予特殊優遇。

正因企業獲得的好處太多了，在每方面都是一帆風順——產品攻向世界各地，若是穩健的以此步伐前進，日本經濟不致有現在這樣的嚴重挫折。可是他們像瘋狂般，像攻城掠地似的，開始驕橫起來，由此轉向「資產評價利益經營」——使公司的土地房屋與股票節節上升。例如在簿價裏的資產是十億，使其漲價到一百億，這些漲幅當爲評價益，日本稱「含有益」，它，也給日本經濟帶來致命傷。

企業爲了把含有資產的評價益增加，進行各種操作；銀行眼見各公司資產日夜上升，既感安心，又可追加對這好客戶的貸款，企業家的錢多得無處可用，炒股票、炒土地，滾雪球似的使資產評價增大。於是，使日本土地的總價達到了二千兆日圓——是美國全土總價的四倍，雖然美國有二十五個日本那樣的幅員。同時，日本的土地價格，也超過了英國的二百倍，所以不能以國土的廣狹爲理由。

日本土地容易抬價的原因是，在全國三百七十餘萬平方公里中，都市計畫所占比率僅有百分之十四。又，在計畫中已告市街化了的，僅占百分之四，其他是農地、森林、河川、道路與原野，對土地的使用嚴加限制；因此企業、產業界擁有的土地自然成寶。

在股票方面也是如此，因爲股票的百分之七十，在銀行與企業手裏，在相互「持股」的條件下，說漲就漲了。在一九九〇年，由於土地和股票的漲價，那時各公司炒出來的資產評價利益是八百六十八兆一千億（金融機關的不計），因有這麼多的資產，所以各銀行的貸放餘額，也達到了三百七十六兆圓。

日本的國民總生產，也不過四百三十兆左右，可見這個經濟活動，是作了過度的投資和投機，最後，坍下來的爛攤子，就是現在的局面——資產再評價，使日本經濟像第二次大戰一樣，敗北了。

由於日本經濟的「虛循環」，資金調度也成幾何級數的增加，都有了沉重的債務負擔，光豐田汽車一家欠海外的貸款，就有五千二百億日圓。日本企業由資產增益，一下子變成負債累累，這是問題之一；又由於連年設備投資過大（自一九八八年起，每年增百分之十四），造成了生產過剩，這是問題之二。這兩個問題，日本稱爲「複合不況」（雙重不景氣）。對此，日本在一九九二年八月雖有十兆七千億的景氣對策，其中以一兆五千五百億交地方團體預購公共用地，以八兆圓把股市由平均一萬四千圓救到兩萬圓左右，但它仍是治標的，未能把問題解決。

因爲大規模的庫存失去了販路，大規模的設備有待關門調整的仍多。還有「量產型」的產業，由效率的變爲非效率的了。這是最大難關。因爲它在市場供需上有「TIME LAG」問題存在，在消費市場擴大以前，沒有改善餘地。以日本產業主力汽車而言，最高達到過年產一千三百五十萬輛，其中有五百八十萬臺銷到海外，一九九三年總產量達不到一千二百萬臺，各公司都在減產，但是金融負擔、人事費等固定支出卻無法降低，以致想製造廉價車（一百五十萬日圓以下的），也是不可能的了。其他電子製品，也是站在損益的分歧點上，因日圓升值，成本增加。

現在，日本當局又提減稅與增稅的矛盾政策（把所得稅減，把消費稅增），先喊出這個口號，看民間反應，也作輿論操作，卻是人們認爲現政權的作法與以前沒有太大差別，不徹底在「規制」上改革，無助經濟復甦。細川政府不免面臨了最大難題和考驗。

一九九三年十一月二十四日

日本大量發行國債的後遺症

日本在發動侵略戰爭時期，有過龐大財政赤字紀錄。由於這個失敗教訓，戰後初期，曾堅守「超均衡預算」原則。但是到了一九六五年，遇到了「證券交易不景氣」，使當時的山一證券公司陷入危機，因此引起了「需求」的減少與稅收嚴重不足。在那時代，日本就考慮了發行國債，還是削減支出的問題；但因景氣復甦，後來維持了財政均衡的局面。

可是到了一九七四年，因石油危機，使日本經濟在高成長之後，受到嚴重打擊，不僅實質的ＧＮＰ成長爲負，而且通貨膨脹也出現了。於是日本採行了凱因斯的經濟政策——一面減稅，一面搞公共投資，自此有了國債的發行。雖然歷年都想減少這項赤字國債，卻是未能辦到，到去年爲止，日本的國債餘額已達一百五十五兆日圓。現在日本的國債整理基金餘額，僅有二兆四千億日圓，因歲入不足，只好再發行國債，這引起了經濟學界的不安。因爲國債利息年達十二兆日圓之多。以去年的總預算七十二兆而言，這項負擔占了百分之十七，已經高出美國許多。後者僅占百分之十五。

發行的國債，通常是在兩三年內必須償還。可是因為債額太大，事實上無法辦到。在不得已情形下，日本曾把「建設國債」定期為六十年，把赤字國債規定在十年內償還，後來全改為六十年了，亦即每年償還六十分之一，結果變成以債養債的惡性循環。其中，建設國債改為六十年償還，是很不合理的。例如社會資本建設，無論橋樑、道路，都有一定壽命。據日本經企廳的調查統計，其平均耐用年數，只有三十七年，亦即投入的社會資本建設，在三十數年間用完了，卻是還有三分之一的債務與其利息負擔的尾巴未完。這是把「負遺產」——債，留給日本的子子孫孫，不能說它不是問題。

一般而言，每當國家有不測事態發生，例如大地震，或危急存亡的那種戰爭，才大量舉債。日本並未遇到這些問題，只是為物品的過剩生產與大量傾銷。但是這個政策有其局限性，一個國際變化或者世界性經濟蕭條，必受嚴重打擊，因為貨物賣不出去，便使債務沉重化。另一方面，日本勞動人口隨著出生率的降低而減少，更不說高齡化社會的生產力難再增加。這種結構，亦迫使日本企業在雇用上，有逐年減少百分之五至百分之十的可能。日本官方且估計，在二十年後，公務員也只有現在的一半。於是社會投資減少，人們的福利水準下降，日本經濟的好景不再了。這情形下，想增稅償債也有困難。由財政上的破綻，會引發類似美國那樣的經濟困局。因此，日本民間的經濟學者，不乏說日本經濟已走到盡頭的，意思是說發展高峯已經過去了。

日本經濟挫折不振，難以再起的原因，除了國債的壓迫以外，還有設備投資過剩的問題。日本自八〇年代後期開始，企業調度資金非常容易，利息負擔亦微不足道，因此進行了浪費性的，超過了「邊際效用」法則的擴大投資。這些投資的利益率本卽很低，再大量投入證券與土地方面，就更得不償失了。現在日本的許多機關投資家與保險公司都已悔不當初，甚至失去了自信，因爲這些投資已成嚴重包袱，收拾這個殘局，要相當歲月。現在日本企業從海外撤退的已有十餘起，在國內把工廠關門或縮小作「減量經營」的更多，雖然日本政府已有十餘兆日圓的景氣對策，但是基本問題——海外市場難再開拓，是日本的致命傷。此外日本的經濟政策，也有錯誤。首先是日銀每月所作的「短期觀察」，一直說景氣快要復甦了，但是兩年下來，每況愈下。大藏省也爲銀行的不良債權瞞頭蓋腳，雖然各商業銀行的自己資本比率，已不足國際淸算銀行所規定的百分之八，特別是在股票市場日經平均降到一萬四千日圓之際，日本政府仍無有效對策，引起過許多爭論和不滿。

日本經濟的出現問題，旣表現在總體經濟方面，也表現在個體經濟的病態方面，例如在資金調度上，任意起名堂，「轉換價格社債」就是其中之一。

當投資家買了某公司的這種社債，規定了一定價格可以轉換為股票，又股票上漲了，其利益歸投資家。還有當該公司發行新股時，無論股票已漲何種程度，可按訂約時的價格優先承購。這是買了公司債，就有了潛在的股權之謂。可是，光想漲價，一切沒有問題；落價，這種公司債的轉換價格則無任何保證。

在這名堂之下，日本的五大鋼鐵公司被轉換去的股票達二十五億股以上，嘩啦落下來，雖未變成廢紙，也是價格減半了。其中新日鐵自一九八八年以來，用這種方法搞來八千億日圓的資金，神戶製鋼也搞到過六千億的資金。但是鋼鐵工業是夕陽產業，榨取這麼多資金還是經營困難，因為全世界對鋼鐵的需求減弱，日本寄望中國大陸的市場，也難振衰起敝。

日本是輸出型經濟構造，把它轉為內需型的甚難。但是海外市場，不但已達飽和點，而且自由貿易體制，在未來也難維持到底。預定下月二日在巴黎召開的ＯＥＣＤ閣僚理事會，就要討論「管理貿易」的問題了，美國要設定輸入數量和目標，這就夠日本好瞧的；雖然日本國際收支黑字創新紀錄，達一千二百六十億美元的黑字，又說景氣有復甦的徵兆，正因如此，來自美國的制裁可能性就更大了。

一九九三年五月十二日

日本經濟衰退引發政壇醜聞與混亂

日本經濟在高度成長之後，走入衰退之途。以前，日本式經營，爲各國嚮往和羨慕，現在對其功能，則充滿了懷疑。甚至美國一家新聞周刊，在專欄中，喊出「日本第二」！「日本第一」的神話已成過去。

日本經濟衰退，也影響到政治安定，幾乎所有政治事件的發生，乃至自民黨的下臺，都起因於泡沫經濟的出現——企業界在困境中露出浮濫的馬腳，立即牽涉到獻金的去向，繼之以搜查法辦，使許多政治家在一夕之間失勢，並由此演成分裂狀態。這些悲劇，都是起於經濟衰退的結果。所以，任何國家的長治久安，不從經濟穩定發展著手，那是捨本逐末。

日本經濟衰退的原因，不是一般所指的景氣循環問題，而是經濟政策與金融政策出了破綻。

首先是日本「經濟預測」作得不夠客觀。這項預測，主要是由經濟企劃廳，會同大藏省、通產省來進行的，它是日本政府在經濟營運上的一個指針，諸如稅收可以達到多少？公共投資額度如何決定？都看消費狀況、民間設備投資意願、住宅投資情況等與GNP有關項目的進展，來作判斷。他們不是用「計量經濟模型」，而是以「階段的接近法」來作估算，這正助長了「泡沫經濟」的加速；它一如凱因斯學派所說，供給能力一旦超過限度，會使景氣下落。因此凱因斯主張了「有效需要」管理政策。日本官方對此不但未加管理，而且作了放任的縱容，這是政策上的錯誤。

此外，日本銀行（中央銀行），在金融政策上也有問題。他們在每年二、五、八、十一月，分別舉行四次企業短期觀測調查，通稱「日銀短觀」。內容是就生產額、設備投資額、經常損益、製品供需與就業、價格等，來作景氣判斷。此外也以通貨供給量作金融政策的參考。可是這些辦法，只有「瞻前構想」沒有「顧後功能」。所以在一九八九年，眼見日本經濟已處「恐慌」邊緣，日銀還是把貼現率連連大幅提高了，這對日本經濟的崩潰，等於火上加油。因爲這個緊縮政策，實施得太晚了。日本學界咸認這是「日銀」的一個誤算，只想抑制通貨膨脹，雖然那時物價穩定，並無通貨膨脹現象。

這些都可說是日本的病態。

在先進國家，英國病發生於前，美國病繼之，現在輪到日本病的嚴重化了。

日本首相細川護熙，在不久前的日本生命保險業會員大會上說：日本景氣不但沒有復甦，而且在後退之中。同樣，日銀總裁也說：日本經濟前景頗不樂觀。通產省官員則擔心今後失業率的上昇。

現在日本的失業率，官方說在百分之二點八，實際「企業內失業者」（拿薪水不上班的）正在增加，約三百萬人之譜。就以百分之三而言，也夠嚴重的。日本的失業率與其他國家不同，因工廠都已自動化了。例如在中國大陸一千人的工廠，在日本不要一百人就高效率的營運了，所以日本的百分之三失業率，等於其他國家的百分之六以上。

日本的另個困難，是因爲日圓升值，使主要輸出產業增加了成本負擔，在這情況下，豐田汽車不得不漲價百分之三點九，三菱汽車漲價了百分之三點七，日產漲價了百分之五點二；雖然這樣，還是沒有利益可言。所以，日本的汽車，在國際市場已成夕陽產業。

除了汽車銷路不振，給日本帶來打擊以外，在電子產業方面，日本也是四面楚歌。現在臺灣電子與電腦產品，已向日本市場展開攻勢，擁有五千家公司加盟的臺北電腦商業公會，已在東京成立展銷事務所。臺灣拿手的產品是電腦泛用輸入裝置「滑鼠」，它在各地擁有良好聲譽。

同樣的，美國也積極利用日圓升值機會，打入日本市場，特別是美國的三大汽車公司，正在急起直追。這使日本恐慌起來，因爲他們在汽車工業陷入困境的同時，幾家電子公司，例如東芝、松下、富士通以及各代表性廠商，也在赤字經營之中。

日本新的策略是降低生產成本，卻是抵不住來自日圓升值的損失。另方面，日本從業員的工資過高，也是產業界的致命傷。

由於這些原因，日本媒體對一百家企業，作了景氣觀測調查。其中談到明年下半期有好轉可能的，占一半。說今年年底或明年初有復甦可能的，只有兩家。又，在這一百家公司中，有六十家在作裁員準備，並都說營業大不如從前。其中的百貨店，已有十八個月連續販賣額下降。還有，各公司發行的「轉換社債」，今明年要償還的在十八兆日圓之間，所以各公司都在拋售股票換現，以求度過難關。不僅如此，各銀行的不良債權，不久前發表的數字說有十四兆幾千億呆帳，這是一步一步的往外吐實，因爲民間調查機關說總額有四十兆日圓，貸出去收不回來。所以銀行也經營困難。

面對這些問題，日本新政府的對策，雖有六兆二千億日圓的預算，用來支援景氣復甦，可是專家說不夠具體，另須減稅五兆日圓。但是，減稅沒有財源，於是想到把消費稅的稅率提高，但是民間反對，它能否行得通還在未定之天。現在全世界處在轉換期，無論政治的經濟的。早前，有些學者擔心三〇年代大恐慌是否會來臨，並說拉丁美洲等國合達一千三百億美元的債務，如果無法償還，會引起重大問題。可是，現在美國經濟已有復甦跡象，失業人口也在減少，看來那樣恐怖的「大恐慌」不會發生。無論怎麼說，治國者先治經濟，應該及早有這認識才對。

一九九三年十二月七日

東亞經濟會議的問題所在

東亞經濟會議，中、日雙方都派出強大陣容，在東京舉行了雙邊會談。從日程來看，除了開幕典禮的雙方基調演說，雙方各就經濟貿易情勢提出報告以外，另有「如何擴大均衡中日貿易」與「中日雙方如何在第三國市場加強合作」兩個主題。

關於這兩個主題，從我方準備的文件——〈如何加強擴大均衡中日貿易〉一文來看：一、日本對華投資，由一九八〇至一九九〇年間，曾有三十四億美元的成績，降至一九九二年的一至八月，僅有二億七千九百萬美元，呈減少趨勢。二、關於技術合作，也由一九八〇至一九九〇的一百十七件，退至一九九一年的一年只有八十件。

從這兩點來看，可以明白，日本對中華民國的經濟合作，有停滯不前兆候。但是相反的，貿易逆差卻大為增加，今年一至十月，自日進口總額高達一百八十一億二千餘萬美元，對日輸出僅有七十五億美元之譜，貿易赤字達一百零五億八千一百三十萬美元之多；到年底，亦即全年的赤字，約在一百二十五億美元之間。

其次關於「中日雙方如何在第三國市場加強合作」問題，我們是說：「在日本，由於產業規模龐大，研發力強，高科技產品獨步全球，具完全競爭優勢；反之，中下級科技產品，已因生產成本提高，不合經濟效益。對此，中日雙方透過合作方式，將日本不適生產者引進我國，促進產業升級。初期以建立零組件工業爲目標，達到國際分工，共同開拓第三國市場，並來個『共生運動』，把市場指向東南亞及前社會主義國家。」是有前景的。

這個構想，可說很好，但是日本中小企業，是日本高科技的下游，他們如何放棄中小企業於不顧，來和我們配合，這裏面還有問題。因爲我方要求引進中的六十六項關鍵性零組件技術移轉，似乎尚未實現。

關於貿易逆差和科技移轉，中日之間有過不斷磋商，可是多年來，效果並不顯著。原因，從代表團提出的文件中可以窺知——坦承我國產業技術水準較日本落後，我方生產所需機器設備、零組件及原料，多須依賴自日本進口——其中機械設備約占百分之二十一點八，零組件約占百分之三十六點七，原料約占百分之二十八點五，消費品占百分之十三。亦正因此，「在過去五年間，國內生產毛額增加一點三倍時，自日本進口額亦呈相同增勢，顯然國內工業仍未脫離加工型態。」（引劉維德報告）這說明了對日本依存之深。也由此可知，貿易差額和產業發展水準，有不可分的關係，這次中華民國代表團，除要求改善貿易問題以外，更重視科技移轉，這樣雙管齊下，毋寧說是很具遠見的。但是科技移轉，要幾個先決條件。

第一、我們必須有相關的研究單位和相關的企業部門與相關的設施。亦即有其承接這種科技的某些力量，包括人力和資金力。

第二、任何國家的科技發展，都是出於窮年累月的研究，由改善到創新，其間投入的經費極其可觀。所以，這類移轉，很難無條件的辦到。

第三、有效的科技移轉，在於國家產業政策。譬如我們要在精密工業上，要與世界一爭短長，或在電子工業上一顯身手，這要作出長期規劃。因爲我們國內市場有限，不宜像美國、日本那樣全盤的推進，這個選擇性，也關係到成功和失敗。

第四、如果想減少對日依存，便不能和日本走共同道路，否則愈陷愈深。在經濟構造上，自成一格很難，但是「加工型」的，也許早晚會遇到更多困難。

因此，科技移轉以及移轉什麼？把產業政策亮出來，應該是很重要的一環。

現在，日本經濟陷入極端困難之中，困難得只想四處求援，因爲銀行資金短缺，已有經營破綻出現。所以，日本已顧不了其他國家的生存問題，是一事實。

日本銀行的破綻起因，是在放款餘額四百兆日圓當中，有一百七十兆貸給不動產業了。這當中，大藏省發表的數字說有四兆陷入呆帳，可是民間研究單位，說至少有四十兆，可能是不良債權。因爲這些以土地擔保的貸款，由於土地落價，沒收擔保品，還有百分之三十的損失。於是銀行因自有的準備金不足，對外融資放款大爲減少，以致企業界連帶的處在周轉不靈之中。

日本經濟的蕭條或者復甦，現在日本的商界，都已失掉了自信，其嚴重性，可由下述幾點，知其大概。

第一、日本代表性企業，諸如豐田、日產自動車、SONY、新日鐵……各大公司，都由高利潤，變成赤字經營了。所有百貨店的販賣額大減，工礦生產指數也跌入低潮，全體產業是三十四年來未有過的減收減益。

第二、股票市場乏人問津，它由時價總額六百兆，跌到現在的二百三十兆日圓，而日本所有大企業，都是股票的持有者，與土地壟斷者。結果，股票和土地坍臺，都使企業招架不住了。

二十年來的「東亞經濟會議」，我們還有一個目標，是提高政治層次。這次辜振甫先生率團訪日，在許水德代表的配合下，政治層次是提高了許多。

首先是，在八日的「東亞經濟會議」開幕典禮上，日本通產大臣渡部垣三，有篇message發表，他是派通商政策局的北西亞科科長北爪前來代讀的，以此和我國經濟部長蕭萬長的書面談話，派由臺北駐日代表處的林宗次組長代讀，其對等立場，安排很好。

不僅這樣，九日還邀請辜振甫等六、七名我方代表，到通產大臣辦公室訪問，這顯示了日本的現職大臣，可以和我方作公開接觸，是往前邁了一大步，也是我們政治訴求的成功。

但是，訴求政治，丟了經濟；要個面子，沒有裏子，這是多年來的老問題。

一九九二年十二月九日

美日貿易摩擦的回顧和展望

國際貿易，是商品品質競爭、價格競爭與機會競爭，後者表現在市場開放程度和關稅稅率方面。就是這個「貿易機會」，在美、日之間，長期存在著爭執。

一個國家，把自己大門關上，說「這是一種文化」，然後把產品向外作「洪水輸出」，說是「價廉物美」，鑽頭覓縫，乘人之危，說「有需求才有供應，是自由經濟法則」。這個邏輯，是單行道的，很難言之成理。因爲國際經濟的發展，不能忽視均衡與互惠的運作，否則是變相掠奪，日本就是自持這個念頭，把它的產品攻向了世界各地。

其中遭殃最大的是美國和亞洲鄰國，但因美國對日本還有回手餘地，所以兩者時常發生摩擦。從一九五〇年代後期，直到現在，美、日關係，可以說是「摩擦↓談判」、「談判↓摩擦」不斷上演的一段歷史。回顧起來，這些摩擦，是一步一步的，由初級產品而高級產品，它是長期戰略，所以摩擦無法退潮。這些事件縈懷腦際，就其犖犖大者，約如下述：

摩擦第一波——日本棉紡織品對美大量傾銷，到一九五五年二月出了問題，開始限制。

日本西餐餐具、毛織品的對美傾銷，到一九六三年，也達飽和點，幾經談判，才締結協定設限，其間有過相當爭執。這是摩擦第一波。

摩擦第二波——日本產業在復興期，就重視吉田茂的「煤炭→鋼鐵」、「鋼鐵→煤炭」政策，因此日本九大鋼鐵公司，到一九六六年三月，對美輸出不但有了成績，而且結了盟，有秩序的裝船。這是對美輸出，由輕工業向重工業邁進了。在這過程，棉織品、毛織品雖有抑制，但是化纖製品，對美貿易卻年增百分之五點二。美國到一九七六年，才開始限制日本的特殊鋼對美輸出，設定以三年爲期的一定額度。

更厲害的是，日本的彩色電視，到一九七七年五月，在美國已經橫流四溢，氾濫成災。美國不得已，當時抑制到每年一七五萬臺，凡此，都經過外交鬥智，動過口舌。

摩擦第三波——日本對美輸出汽車，是一九五八年開始的，當時的性能還不能上高速公路。可是到一九八一年開始管制時，年輸出已經超過了一六八萬輛，要它減少，就起摩擦。日本說美國對他們TATAKI（敲）。

隨著汽車的登陸，日本的半導體也佔領了美國。美國半導體工業會（SIA），在一九八五年六月對此提起訴訟，終於下令制裁。可是，日本經營者和官員，哀哀上告，跑白宮、跑國會說情。美國企業界不甘受害，在一九八七年三月，掌握到日本「沖電氣」（大電氣公司之一）半導體的傾銷輸出證據，參議院一怒通過了報復措施，對日本彩電、電動工具、小型電子計算機等課以百分之百的關稅。這和限制輸入一樣，日本傻眼了，算算一年損失了三億美元。

摩擦到現在，美國的鋼鐵公司大半關門下，BIG3（三大汽車公司）減產了、IBM裁員了，美國在半癱瘓狀態，可是還有第四波、第五波，到「摩擦生熱」為止。

第四波是IC等尖端科學，第五波是軍用的太空科技，日本已經撥出十三兆日圓的研究發展經費，要和美國一較長短。要利用中共的「長征三號火箭」發射衞星，也是同一目的。

當前美國最感煩惱的是汽車，因為汽車是日本對美輸出的大宗。就以最近五年來說，一九八六年，日本輸出於美國的汽車已達三四三萬輛，此後在一九八七年是三〇八萬輛，一九八八年是二七〇萬輛，一九八九年是二四三萬輛，一九九〇年是二二四萬輛，看來數字在逐年減少（日本這樣說）；其實，日本把工廠搬到美國，在現地生產者年年增加——由一九八六年的六二萬輛，八七年的七四萬輛，八八年的八九萬輛，八九年的一二五萬輛，到九〇年已達一四九萬輛。

現在，日本的豐田，在肯塔基、加州有工廠；日產，在田納西有工廠；富士重工，在印第安納有工廠；馬自達，在密西根有工廠；三菱，在伊里諾有工廠。這些工廠不但都量產化了，而且零件產品，都已打入美國三大汽車公司，怎不席捲美國市場？

日本汽車，給美國造成的困難，從五年來的黑字，亦即日本賺去的——一九八六年是三二八億美元，一九八七年是三三二億美元，一九八八年是三一三億美元，一九八九年是三一五億美元，一九九〇年是三〇九億美元。此外，日本汽車零件，五年間的黑字共四〇〇億美元。合計光是汽車一項，五年下來就接近兩千億美元了。當然的，日本的黑字就是美國的赤字。所以這次美日會談，派來的先遣特使，在安排議程時，日本說世界秩序如何如何、環境衞生如何如何；美國則說：車！車！車！

大約在十年以前，日本就預見了美國現在的衰弱情況，這和在擂臺打拳一樣，越是看到對方的弱點，越是不停。美國承擔世界性責任，和蘇聯賽到最後，雖然是贏了，但是累了。於是日本乘虛而起，這個跡象已經明顯。本月十二日在季辛吉的論評（刊在《讀賣新聞》）裏說：日本必然要走「軍事大國」道路，當經濟摩擦生熱，就是政治摩擦昇高之時。美軍司令部由菲律賓移到新加坡，就是先卡住日本海運咽喉，美國和南韓達成科學技術合作協議，就是對抗日本在這一地區的勢力膨脹。日本報紙都已敏感的提到這些。展望未來，美、日分道揚鑣，只是時間問題。

一九九三年一月十五日

日本對美貿易摩擦的交涉方法

日本對美貿易，由一九七六年就由弱勢轉爲強勢了。到一九八〇年，從一〇四億美元的黑字，一路翻升，到一九八六年，一舉超過了五五〇億美元的盈餘；直到現在，也沒有大幅退潮的現象。這情形，免不了會出現各種摩擦。

面對這些問題，日本有些活動方法。當然在活動以前，要調查研究，然後派出幹員遊說。例如在一九八九年春，美國國會議員提出了汽車內使用電話器材問題，要日本減少對美輸出。可是這件事，經日本的幹員疏通後，雲消霧散了。日本把這種做法稱爲LOBBING活動。

除此之外，美國有力的電影界人士，對日本未經許可翻製的大批錄影帶，在市面出租營利，不以爲然的提出異議，這也經過遊說化解了。

美國對通商貿易最有權力過問的，是參院財政委員會。在這委員會裏，最關心電氣通訊問題的是丹佛斯議員，他有絕對影響力；另方面，對建築公司抱同情態度的是穆考斯基先生。凡此，日本都調查得清清楚楚，然後對症下藥，防範問題的發生。

貿易摩擦的範圍，不止如此。例如美國要求日本開放牛肉和柑橘市場，日本抵抗的方法，是讓美國給日本以四年緩衝期限，在這四年間作些準備。這在美國聽來，也不是無理；可是四年後雖有部分輸入，但在日本並不暢銷，也就知難而退了。要求美國給以緩衝期間的，還有半導體這類東西，是推到五年以後，再行研商。

在辦交涉時，日本是絕不畏縮的，表現了勇敢精神。在官廳方面，日本外務省有「經濟局」，在通產省有「調統局」和「通商政策局」。「調統局」出版的月報和統計達二十六種；「通商政策局」則是處理涉外事件的。

在這些單位中，遇事首先出場的，是通商政策局長，因爲他自己也主管「輸出入交易法」，據此可使輸出入廠商有秩序的進行。在問題來臨時，某者該爭，某者該讓，早有準備。

但是，他的出場和美方接觸，不立即期待結果，他是：(1)投石問路，(2)討價還價，(3)表示日本有意談判，正在談判，以延宕美國的採取行動。然後第二梯次，由審議官、次官出動，這才攤到議會桌來。會議，各說各話，對美國的要求，沒例外的先答NO！但不決裂，到無法收拾時，說下次易地再談。就是這樣，東京——華盛頓往返交涉，一個問題常是兩三年沒有頭緒，日本的輸出，還是照樣裝船。

在這當中，日本會表現得很和善的，很同情對方的，派個大型採購團，說既要買東西，也要幫助美國貨的外銷，甚至還給上幾堂課，說不努力不行！隨著這個行腳，日本通產省的通商政策局，通常都印製大批英文宣傳品，向美國作些ＰＲ活動。說美國是自由國家，人民有權購買價廉物美而又售後服務周到的產品。說美國貿易赤字，以及打不開市場，是總體經濟政策的結果，與日本無關。這種宣傳是由通商政策局的總務科擔當，雖不絕對成功，可是他們非常活躍。

在一切辦法都遭到困難時，他仍會來個所謂「政治決斷」。「政治決斷」的意思，是表示事態嚴重，「外壓」的力量已難招架，是抱「共赴國難」的神情。但在「決斷」之前，會由總理大臣級的人物，再作一次白宮之行——作部分應允，連帶的賣個人情。

這樣例子很多。

在美、日貿易摩擦史上，早前對於纖維製品輸美設限問題，日本曾抵抗了三年。最後，以「自主規制」收場了。後來，這個「自主規制」，美國聽來順耳，日本覺得有利，幾乎所有爭執，都以這個辦法解決了。

電氣用品輸美，自主規制；機械工具輸美，自主規制；汽車輸美，自主規制。後者，規制、再規制，現在還佔有美國市場的百分之四十。

美、日貿易摩擦，於今已進入了新的階段。美國已經意識到由日本而來的危機——高科技一旦都被日本取代，美國就更爲困難了。於是美國企業界起來抗衡。他們先從「知的所有權」著手，在逐一檢視日本的精密產品，發現MINOLTA牌照相機裏的全自動焦距的部分裝置，原是美國發明的，一舉罰了這家日本公司三十六億日圓，他們乖乖的把錢交了。事還未完，其他各照相機廠商，都在戰戰兢兢，不知何時揭穿。

此外，日本有五種高科技超過美國。機器人是其中之一；但因日本已經年產二十八萬臺，是已成熟了的產品，無法再加過問；超電導體也是如此（**以超電導體為動力的水上飛船，已試驗成功**）。只有「生命科學」，美國和日本正在爭奪先進地位，因此，美國搶先在每個分野申請了專利權。這是由貿易戰爭進入科技戰爭的發火點。美國的這項行動，就是在最近的上個禮拜，日本訝異的吃了一驚，因爲它在醫藥發展上有廣大市場。

由這些地方來看，怎樣去解決這種紛爭，不免是頭痛問題。鄭板橋說「吃虧是福」也許是對的。因爲日本的做法，並未給他的人民帶來多大幸福，相反地患有慢性疲勞症的，正在增多。

一九九三年五月一日

美日滙率攻防戰

在理論上，外滙滙率是反映一國貨幣的強弱；貨幣的強弱，又是建立在經濟的基礎之上，這個概念是可以成立的。但是，金融市場，幾乎已經沒有國界，是每天二十四小時的在操作中運行，瞬間賺上幾億或幾十億美元，在資本家是普通的事；相反的賠上多少億，也不稀奇。

日本著名的「昭和 SHELL」石油公司，在外滙市場投機，一舉損失了一千二百五十億日圓，這家公司的社長逸見武志，在本月二十日，覺得事態不妙，瞞不過股東，召開緊急記者會，推諉責任說是由財務擔當者搞的，要變賣資產來堵這個窟窿。

問題是怎樣損失得如此慘重呢？原來這家公司爲購買原油，有五至十億美元的外滙準備，本已足用；可是自一九八九年起到一九九二年底，共買進了六十四億四千萬美元「期貨」，（按當時滙率的預約），等待美元升值賣出，賺其差額。不意美元價位節節下降，

「期貨」，在一定期間內（最長六個月），要加清算，投機不成，蝕了血本。

像這樣情形，在資本發達國家，特別是在世界金融中心，諸如紐約、倫敦、東京三大市場，進行炒外滙的，猶如空中繁星。這個「點石成金」的俱體狀況，很難掌握，因爲瞬息萬變，一日數驚；但是，日本無數金融、法人與有關企業，都在走火入魔般搞這個行當。「昭和SHELL」公司在這「大賭場」裏的失敗，不過是冰山一角，還有更多資本家跌進了深淵，密不作聲。新聞報導說，全體的損失在幾兆日圓以上。

各國外滙滙率的升降，直接影響到貿易收支和經濟成長，自不待言；因此外滙政策，常在國際間當爲競爭的手段。美國柯林頓新政府，在貿易赤字的嚴重壓力下，除了對日本的汽車、鋼鐵和半導體的傾銷，推行提訴以便加重課稅外，一面要求日本減少貿易黑字，一面由財長班森發表了「誘導日圓升值」的談話。

班森此言一出，日圓價位兩週來不斷上升，到二十二日，倫敦市場達到了一美元兌換百一十五日圓的歷史性高值。日本雖由大藏省和日銀宣佈介入，顯然的沒有歐美國家的共同配合，難收效果。在這情形下，許多評論家都說，日圓升值可能接近一美元等於一百日圓。於是日本開始緊張了，因爲預定於二十七日召開的先進七國財長與銀行總裁會議，日本已經得到有關國家的口風，說日本貿易黑字的擴大，已至非加抑制不可的程度，認爲日圓升值是不可避免。這是歐美國家迫使日本著重內需，減少輸出的不得已措施。

日本經濟企劃廳面對這個情勢，計算一下說：「按照日本經濟發展模型，日圓升值百分之十（約十二日圓）時，在一年以後，日本的國民總生產會減少百分之零點四八。」同時又說：「貿易黑字的擴大，是因爲日本經濟不景氣，只賣不買的結果。現在由於日圓升值，成爲輸出大宗的汽車、電機等產品，都將滯銷；相反的輸入會有增加。」他們對此表示了「懸念」和不安。當然，這些不安是有理由的。

例如，在東京銀座六丁目的日產自動車本社十一樓海外業務部，有兩名女職員目不轉睛的注視並記錄滙率的變化。因爲輸出契約通常是半年前簽訂的，以美元計價付款。平均每輛二百六十萬日圓的汽車，如果訂約時的滙率一美元爲一百三十日圓，忽然日幣貶值一美元等於一百五十日圓時，在霎時間，一臺汽車可得四十萬日圓的滙兌差額利益。反之，則有同等的損失，甚至不夠成本。由此可知，美國的外滙政策，還是有其一定的作用。

但是日本，對來自美國的壓力，常能應付裕如，渡過難關。他們且諷刺美國說：「當年美國對北越進行地毯式轟炸，都沒得到勝利。他們（指美國）在各部會首長之間，也意見不一致，沒有統一的有效政策」。這是在布希時代，日本對美國的輕蔑之詞，意思是說，給日本壓力也沒用處。

日本還說：「以前（一九八五年九月至八七年五月）美元由一兌二四○，落到一兌一四○日圓，在不到兩年之間。這對美國貿易赤字以及美國經濟的改善，並未發生作用。」話雖如此，這次美元貶值，會不會和過去一樣？由於國際經濟變化以及美國新政府有了增稅和景氣刺激政策，很難武斷。首先是美元貶值，會使美國的對外債務減輕，同時有助美國產品的輸出，並可抑制日本的攻勢。難點在於美元資金的可能外流以及國債發行的消化困難。

現在，美國對日債務超過了二千億美元以上，負擔的利息可觀，把美元貶值是不得已的第一手棋。此後也許還有第二手、第三手，用來平衡美日貿易收支的逆差。在這若干難題之中；要求日本市場開放，將是主要目標，因爲美日半導體協定規定了在日本市場的百分之二十佔有率，可是這個目標迄未達成。日本在景氣好時沒有辦到，現在更不肯履行諾言，這將引起報復性的貿易戰爭。日本前任駐美大使松永氏，一直持有這種悲觀看法，卻是日本的通商產業省，不肯解決問題。

坐落在東京赤坂與六本木之間ARK・HILLS三十六層大厦，每天有一萬零五百白領階級出入其間。大樓屋頂架設了二十四臺拋物線型天線，使每個辦公室都自動化、情報化了。這裏是二十四小時不停的東京金融中心——一個情報入手，就像得到一筆巨款那樣重要。東京下午五時，正好是倫敦早晨市場開門；到該下班的下午十時，紐約也活動起來了，是資金的互動。在美元等於一百二十日圓時，在海外市場運用一億美元，是一百二十億日幣，當一美元等於一百一十日圓時，用日圓把調度的資金歸還，扣除利息，也還有五億的賺項，國際金融市場的焦點，在滙率的變化。滙率的變化因素很多，操作，是經常的、必有的現象。它也是經濟戰爭的一部份。

一九九三年二月二十四日

由美日首腦會談看雙方利害關係

日本首相宮澤喜一訪美，與柯林頓舉行會談後，在十六日有共同新聞的發佈。從雙方各說各話的內容來看，意見並不一致，它可能使美日關係陷入緊張狀態。

柯林頓已正面警告日本：冷戰時代的合作關係已成過去。展望未來，是經濟關係、安保同盟關係以及合作處理世界問題的關係。在這定義之下，美國把經濟再建，當為緊要課題，因此要求日本開放市場並減少貿易黑字。柯林頓說，他對美國企業、製品與投資家，在日本市場得不到充份權利，表示懸念；並明白指出，販向日本市場，較美國困難得多。同時也要求日本採取措施，成為世界經濟成長的共同推進者，雖然日本最怕這一手，柯林頓還是提示了出來。

在這當中，美國惟恐日本故態復萌，說完了就算了，特別規定了每年要搞兩次首腦會談，並設定產品和各業種的開放度，以迫日本就範。這次會談雖未不歡而散，也是表情緊張，因爲觸及日本的痛處了。

另方面，日本首相宮澤喜一，面對來自美國的壓力，也作了相當程度的抵抗。他在新聞發佈席上說：⑴美日安保條約繼續的重要性，已告確認；⑵擴大內需已投入一千一百六十億元，用來加速經濟成長；⑶強調兩國經濟依存關係與自由貿易原則，並對日本市場的access繼續努力。其他是吹噓對俄援助等不相干的問題。是想避重就輕來過關。

這些對話，顯然是南轅北轍，各自考慮自己的利益。但是日本重視安全保障，就有不敢得罪美國的弱點存在，更不說來自三〇一條的報復，也是日本受不了的。

在這次會談之後，《紐約時報》評論說，柯林頓率直的、不客氣的，以經濟問題爲中心提出的要求，是象徵對等關係的出現。《華盛頓郵報》則說，柯林頓是向日本市場開放問題挑戰。其實日本早就意會到了來自美國的有關經濟問題攻勢，事前作了周到的準備。諸如在援助俄國的立場上，討好美國，還有提前發表美元流還計畫等，都是針對美需要而來。不但如此，日本在會談技巧上也作了安排——比柯林頓年長二十七歲的宮澤喜一，希望和沒有外交經驗的柯林頓，作一對一的會談，理由說是宮澤會講英語，可以節省時間，雖然他以前用英語發言引起過誤會。美國似乎是答應了這個要求，但臨時覺得不對，國務卿和副總統等重要成員，都出席在會議桌上，使日本一驚，說美國爲何未守議程安排的信用？卻又無可奈何。

日本也想打中共牌，說關於北韓發展核武器問題，要商請中共斡旋解決。柯林頓則說人權問題也不能忽視，未與日本同調，顯然這幾著都未成功。不但如此，柯林頓在要求日本市場開放之餘，並聲言日圓升值，可以容忍。此語一出，日幣在外滙市場立即開始挺進。日本政府說，這完全是想不到的發言。日圓再升值會造成日本經濟的長期停滯，這也是美國的撤手鐧之一。

現在日本雖然決定了以十三兆二千億日圓的綜合經濟對策，來刺激景氣復甦，但因日圓升值速度太快，使輸出產業不振，會給日本帶來嚴重打擊。

日本與美國長期以來，在摩擦交涉過程中，可以看出幾種不同型態。

第一，是當美國提出特定問題時，日本對那問題的中心點不承認，對來自美國的任何不滿置之度外，也就是嚴拒要求。例如美國希望牛肉的通關自由化，日本則說限制牛肉輸入，在關貿總協的制度上合法，美國對牛肉的輸入也有設限呀！又，美國汽車內用電話，想銷到日本；則以東京沒有多餘的周波數來對抗。萬一這些說詞都擋不住，進入交涉階段，則作輕微的小幅讓步。

第二，對美經濟交涉的另一手法是，不提任何解決方案，細聽美國的要求。在這當中考慮哪一點可以讓步，這是在國內業界意見不統一，也政治問題化不了，又不能不解決時，利用外來壓力，讓大家沒有話說的作出決定。

所有這些交涉，都先說不！然後抽出損失最小的來解決。亦正因此，在美日間種下了互不信任的禍根——日本國民認爲美國總是對日施加壓力；美國人則說對日本辦事，細微末節，不給點顏色看，一件也辦不成。

此外，新聞報導的虛實程度，也影響交涉的進展，這在日本也有問題存在。

日本在亞洲外交戰線上，無往不利；對歐美總是顯得招數有限。因此最近日本外務省在進行機構改革，除新設了龐大的「國際情報局」之外，又把聯合國局擴大改組爲「總合外交政策局」了。說以前以聯合國爲中心，以美國爲樞軸的外交政策行不通，要在新的國家目標之下，另尋途徑——除了維持美日安保體制以外，要再參加歐洲安保會議，也想來個日、美、俄安保協議機關。於是感到外務省的四千六百三十六名職員太少，要再增加編制。

美國對日本的這些動向，官方與民間都有專家在注視研究。許多學者認爲日本和美國的蜜月維持不了十年。其實現在已無蜜月可言，這由此次美日首腦會談的空氣，可以看得出來。柯林頓對日本，是單刀直入的，要看實行結果，說了不算，或者拖延不前，那就牽絲拔藤，有得好看了。

一九九三年四月二十一日

美日爭奪亞太經濟霸權

「地中海是過去的海，大西洋是現在的海，太平洋是未來的海」，這種預測，早就流行在西方並傳播到東方了。

自七十年代開始，直到現在，亞洲地區的經濟成長率，平均超過了歐美先進國家的二至三倍；在亞太地區如果把美國也包括進去，其全體的ＧＮＰ占世界的一半。

由於亞洲地域經濟的急速成長，以一九八一年爲起點，美國對亞太地區的貿易，包括當時蘇聯，它已超過了對大西洋的貿易總額，前者是一千二百六十七億美元，後者不過一千一百九十四億美元。以目前的情況來說，美國對太平洋圈的貿易超過了對大西洋圈的三分之一以上。

在這同時，日本的對亞洲貿易也在急速擴大。以一九八五年爲期，日本的最大輸出市場是美國，其比重占百分之三十七點一；對亞太地區合起來僅占百分之三十點二。可是進入一九九一年，日本對亞太地區的輸出比重占到百分之三十八點九，對美國輸出則降爲百分之二十九點一了。

由這種趨勢來看，亞太地區的經濟成長，到紀元二〇〇〇年，可以超過EC的二倍；達到十二兆二千四百八十億美元的規模（見日本國民經濟研究協會《二〇〇〇年的日本經濟》）。此外，只是日本、「中國」、新興工業國、東南亞國協地域，到二〇一一年可以超過北美，到二〇一七年可以超過EC而形成強固的亞洲經濟圈（一九九二年一月三十一日《讀賣新聞》）。

在這亞洲經濟圈裏既有豐富資源，又有廣大市場，再加上日本的技術和資金力，說「二十一世紀是太平洋時代」，是有充份根據的。

可是，在這樂觀的看法之下，還有許多有待克服的問題。其一是產業基礎未備，其二是未達到均富理念，其三是民主要素不夠成熟（在若干國家）。更重要的一點是，在冷戰時期形成的仰賴美國軍事力量維持和平的局面，已經不復存在；因此引起了各自爲謀與軍備競爭問題，這些問題足以構成亞洲經濟發展的障礙。

面對這些問題，日本提倡亞洲安保，但是所有鄰國對日本心存恐懼，懼於日本勢力侵入每個國家變成尾大不掉。所以亞洲安保，無論現在、未來，必然難產。在這情形下，日本又有

「亞洲太平洋經濟圈」之議。說是要以亞太經濟合作會議爲基礎，來擴大這個組織的功能。日本的想法很容易明白，它是仿照歐洲、北美與中南美形成的 block economy，來個亞洲的對抗組織，覺得這樣可以確保日本的市場，雖然成功希望不大，日本還在向這霸權方向努力。

在亞洲已有的經濟集團組織，首推東南亞國協。它是以關稅暨貿易總協定爲中心，維持多角貿易關係，有其一定機能。

一九九二年一月，在新加坡舉行的該組織第四次首腦會談時，曾決定自一九九三年一月起至二〇〇八年的十五年之間，把區域內工業品關稅一律下降百分之五，來推進「國協」自由貿易，這是泰國總理阿南提出的構想，獲得了有關國家的同意，並設立了「東南亞國協自由貿易圈部長評議會」，來推動其事。當然，這裏沒有日本，這是東南亞本身在求自保，其中亦有排外性格。

另一方面，馬來西亞在一九九〇年，李鵬前往訪問時，又提出了「亞洲貿易集團」構想，它經東南亞國協討論，在一九九一年十月，也宣告誕生了。這個組織是包括了日本、「中國」、ASEAN、NIES、越南、緬甸等十三國，當然這裏也應該有中華民國。它不但是個經濟合作體，也以有關國家利益爲前提的地域性組織。因此曾受到來自區域外國家的批判。馬來西亞不得已又商同有關國家，把名稱改爲「EAEG」（東亞經濟集團）了。因爲美國與加拿大反應強烈。

在這所有組織裏，日本雖然都插上一腳，但未能扮演主要角色。在這情形下，美國有意把東南亞國協、東亞經濟會議、亞太經濟合作部長會議，現有的亞洲三個組織以「亞太經濟合作部長會議」爲基礎，進行改組爲「亞洲太平洋經濟圈」。美國的構想，認爲這樣可以阻止日本「經濟霸權」的擴大。

具體的來說，美國是以「美加自由貿易協定」爲藍本，扇形的展開，對韓國、中華民國、澳洲等亞洲國家締結雙邊經貿協定，形成網狀的經濟組織，以維持既有的利益。

日本當局說：「美國的意圖，是把亞洲各國分斷起來，個別進行交涉，可以獲得有利的立場。」又說：「美國與東南亞國協間成立的共同研究委員會，就是推進這一目標的先遣隊。」

日本主張的「亞洲太平洋經濟圈」和美國的不同。它是以區域集團爲主體，並以亞太經濟合作會議爲基礎，來擴大日本的影響力。換言之，日本雖不拋開美國，但目標以亞洲市場爲中心，形成對他有利的集團。

美國和日本，在亞洲市場的對立，由歷次有關會議的發言和最後發表文書，可以看得出來。美國強調「二國間」關係，日本主張透過亞太經濟合作會議來檢視貿易關係，以此箝制美國行動。所以，亞洲經濟的任何組織，都非單純的、公平的；它的出現，都極其複雜的有著霸權爭奪的背景，展望未來，這裏也充滿著危機。

一九九三年三月二日

日本在歷屆高峯會議扮演的角色

日本警方已經動員三萬六千人，爲七月七日在東京舉行的七國高峯會議，作安全戒備。因爲日本的左派、右派組織林立，國際暴力集團和恐怖份子，無孔不入，爆發意外事件，勢將無法收拾。

特別是這次邀請了葉爾欽這樣對日本敏感的人物列席，也使日本緊張。七國高峯會議已舉行十八次，它的功能何在？現在把歷次會議作些概觀，可以看出日本的處境。

第一次高峯會議：始於一九七五年越戰結束之後，在世界經濟不景氣狀況下，爲維護資本主義的經濟政策，由美、英、法、西德、義大利和日本，在巴黎近郊舉行了第一次會議。日本以經濟實力爲背景，首度登上了與列強並肩的國際舞臺，可是日本在這裏討不到好處，被迫向非產油的開發中國家融資百億美元，分擔了責任，也就散會了。那是三木武夫做首相的時代。

第二次高峯會議：一九七六年在美國的波多黎各島舉行。會議內容，說國際經濟的落差正在擴大，要作政策調整。在這過程批判了日圓價位是人爲的太低（當時一美元等於二九七日圓），以致造成了日本的「洪水」輸出，要求日本減少黑字（貿易順差），會議沒有成果可言。

第三次高峯會議：一九七七年在倫敦舉行。這時美國總統已由卡特取代了福特。日本是輪到了福田赳夫上臺。議題是如何使停滯的景氣復甦，談西方如何團結維持世界秩序。這次的成員，加入了歐體（EC）委員長。當時日本經濟發展已獨霸世界，因此各國要求日本作資金的國際貢獻，雖然福田說已以三百六十九億美元，用爲國內公共投資了，還是受到了與會其他國家的批判。

第四次高峯會議：一九七八年在西德的波昂舉行。議題是要求日本與西德拿出景氣刺激政策，並爲防止歐洲保護貿易主義出現，要各國分擔任務，對貿易黑字大國，也要採取對策。日本不得已說：要擴大內需，採購濃縮鈾、航空機、石油，並作開發援助，來避鋒矢。

第五次高峯會議：一九七九年在東京舉行。當時石油輸出國家組織（OPEC）展開了原油漲價攻勢，所以會議是針對能源問題，要各國抑制購買量（日本限制在一日六百三十萬桶程度），使日本陷入第二次能源危機之中。

第六次高峯會議：一九八〇年在義大利的威尼斯舉行。那時，伊朗扣押了美國大使館人員、蘇聯侵入了阿富汗，使經濟性的會議一變而爲國際政治性的，並作了有關宣言。日本因首相大平正芳在六月突然去世，臨時由大來佐武郎外相代表出席。這次會議，日本得免經濟上的責難，但在政治上，捲入了共同行動的行列裏了。雖然日本在避免作跟班的，但並未成功。

第七次高峯會議：一九八一年在加拿大的溫哥華舉行。這時雷根躍登了美國總統寶座，他主張和蘇聯對決，另一方面要求日本開放市場，對日本展開了嚴厲批判，使出席此次會議的鈴木善幸招架不住。這次會議，既是人權的、政治的，也有軍事的性格。

第八次高峯會議：一九八二年在法國的凡爾賽宮舉行。當年五月，英軍進攻福克蘭島，以色列轟炸了貝魯特。日本面對貿易摩擦的攻擊，由鈴木準備了六項反駁說詞，最後還是未能免除「黑字大國責任論」。日本雖然對地主國——法國，提出了九項高科技共同發展計畫，未受重視，只是「空振」收攤。

第九次高峯會議：一九八三年在美國的威廉斯堡舉行。這次，日本是由中曾根康弘參加了會議，他支持雷根的軍事政策，並贊同在西歐配備中距離核子飛彈，更主張了對蘇強硬路線。也口惠而實不至的說要開放市場，還得到了美國的高度評價。日本的這次「外交遊戲」他們認爲表現不錯。

第十次高峯會議：一九八四年在倫敦舉行。這年雷根二度當選，會中強調了民主主義的價值觀，也對兩伊戰爭發表了聲明。在「經濟宣言」中，強調了對發展中國家的債務負擔予以減輕。在會前，美日雙方討論了日本金融、資本市場開放問題，日本則願意承擔西方的防衞責任義務，爲再度軍備開闢了道路。

第十一次高峯會議：一九八五年在波昂舉行。美國在會中提倡了「戰略防衞構想」（SDI），法國態度消極，雷根要求日本參加。在經濟問題上，爲「無通貨膨脹的成長」達成協議。這個協議是空頭的，日本巧妙的避免了各國對其貿易順差的追究。這年戈巴契夫登臺。

第十二次高峯會議：一九八六年在東京舉行。會中爲通貨的安定，美國財長貝克提案設七國財長會議，作爲國際政策協力機構，也有監督性任務。當時，美國要求日本把汽車零件的銷美自行減少；但，說是說，做是做。

第十三次高峯會議：一九八七年在義大利的威尼斯舉行。這時美國的指導力和威望顯著下降。會中在經濟成長問題上，期待日本和德國發生「機關車」作用（以四百三十億美元作緊急經濟對策，日本應允了卻未能實行），還有對波斯灣的航路安全問題，也寄望各國合作解決。

第十四次高峯會議：一九八八年在加拿大的多倫多舉行。議題是發展中國家的累積債務，如何避免連鎖的不測事態發生（有八十億美元借款免除之議）。日本在這次會議中答應了牛肉、柑橘市場開放，時爲竹下登內閣所作的讓步。還有駐日美軍基地的日籍工作人員的工資，改由日本負擔，獲得了一致意見。日本輿論說，高峯會，日本只是去扮演「散財童子」的角色而已。

第十五次高峯會議：一九八九年在法國的凡爾塞宮舉行。這次討論了地球環境問題。日本出席者宇野宗祐，正鬧著桃色新聞，說英國的柴契爾夫人很難和他握手。日本在這之前，先宣佈五年內要把資金流還到發展中國家六百五十億美元，怕的是四面樹敵。

第十六次高峯會議：一九九〇年在美國的休士頓舉行。這時蘇聯已有瓦解現象，因當年二月蘇聯宣佈了放棄一黨獨裁政策。議題一轉，討論了冷戰後怎樣支援蘇聯的事了。日本首相換了海部俊樹，在面對美國要求米穀市場開放的壓力下，他以「食糧安全保障」爲由，躲避各國的聲討，採取拖延戰術。

第十七次高峯會議：一九九一年在倫敦舉行。這次邀請了戈巴契夫參加，算是「G七加一」。美國因波灣戰爭獲勝，討論了國際秩序重建問題。日本除負擔一百三十億美元戰費，又攤派了二十五億美元支助俄國的資金。這是蘇聯垮臺的善後處理會議。

第十八次高峯會議：一九九二年在慕尼黑舉行。日本在當年六月通過了「海外派兵法案（PKO）」，各國把目標集中於垮臺後的俄國問題上，未得追究日本的貿易順差，卻是在共同宣言裏提到「日本的北方領土」和平解決云云，他們認爲是一大成功。但是，增加了俄國的反感。

由以上經過來看，歷次先進國首腦會議，獲得的成果有限，其中日本只是擔任個被聲討的角色，沒有左右這個會的力量，是明顯的。

在下月七日要舉行的這個高峯會議，日本提議討論「人權」問題，未被其他國家接受。現在，目標仍是日本的貿易順差，並要作成公約，要日本在一定期限內減少其順差與開放市場。這次不是說說而已，是要設定數值。所以「G七高峯會議」對日本除了壓力以外，沒有帶給他們什麼好處。

一九九三年六月三十日

日本貿易順差問題與七國高峯會議的聲討

美國總統柯林頓、英國首相梅傑、法國總統密特朗、德國總理柯爾、加拿大總理康貝爾、義大利總理希比、歐洲共同體（EC）理事會主席狄羅與各該國外長、財經首長，齊集東京，今起舉行爲期三天的高峯會議。日本出席者有總理大臣宮澤喜一、外相武藤嘉文、藏相林義郎、通產相森喜朗等重要成員。

此外，印尼的蘇哈托總統也先一步抵達了日本；還有俄國總統葉爾欽率領的代表團，包括外長柯吉瑞夫等一行，要參加九日舉行的「G七加一」會談，所以，七國高峯會，招待了九國首腦到來，這是以前少見的。

蘇哈托來日，是日本策劃的，藉他的聲音，使日本成爲亞洲的代言人。蘇哈托在四日抵達東京，待到七日和柯林頓見一面，就打道回府了，他沒有資格參加高峯會議，是代爲傳達一些非同盟國「希望」給七國首腦——爲世界全體經濟發展，要南、北提携，與南、北建設性的對話。最重要的是按日本的意思說，偏重於對俄支援，會影響到發展中國家的種種（抵制俄國）。在給七國首腦的文書裏，且對日本不願開放米穀市場，幫腔說，「米穀安保」（米是安全所在）是必要的，完全是日本人的口吻。此外也助日本抵制中共說，先進國的經濟協力，不能不以「人權問題」作爲條件，對日本來個援護射擊。當然，蘇哈托以一國之尊說了這些話，沒點「外快」他是不幹的，這是「G七」會議的挿曲，也是日本外交「工夫」之一。

但是，對葉爾欽的成爲「G七加一」，則是被動的，只能討論如何支持俄國軍需工廠的轉爲民需，與二十億美元基金的分擔，不能討論領土。在這方面，最近日本說得到了秘密文件——日本如果代償俄國的七百億美元外債，領土問題會變得「好商量」，這眞是外交能者對上了強者。

七國高峯會議的有關首腦雲集東京，除了上面這幾步棋的佈局以外，正式日程是，七日先來個歡迎會，然後是首腦與首腦，外長與外長，財長與財長的會談。八日是首腦、外長全體會及首腦間的會合，然後發表「政治宣言」，下午全體會議。九日，全體會議、首腦間會議後，發表「經濟宣言」。午後加入俄國舉行全體會議，晚間共同舉行記者會。

議題，主要是世界景氣衰退、失業增加、復甦政策的協調以及尚有觸礁狀態的烏拉圭回合談判（GATT的新多角貿易交涉）如何在年內解決？此外是對俄國支援步調的確認，這些都是國際經濟範疇。在國際政治方面，將討論到核武器防止擴散、舊南斯拉夫內戰，地域紛爭與聯合國機能化等問題。

其中最關緊要者，是日本如何擴大內需，拿出刺激景氣政策的協調以及市場開放的議論，以使美國的貿易赤字減少。另方面也要求德國降低銀行貼現率，以利國際經濟發展。

在對俄支援課題上，今年四月間，主要七國在舉行部長會議時，曾決定提供四百三十四億美元，這次要舊話重提一番。此外是對國營企業的民營化，有支援二十億美元之議，並由有關七國在莫斯科設立援助事務所來進行，這個提案，有在會中達成協議可能。

在所有這些議題之中，最難克服的，是有關國家希望日本發揮「機關車」那樣帶頭的景氣刺激作用，而日本卻不肯走上這條與自己沒有好處的道路。

美國總統柯林頓，要求日本設定數值，來減少貿易順差；而日本提出的對策是，在萬不得已下，設定數值，即幾年內減少順差多少。可是相對的條件是：⑴設定了數值，不能當爲一種約束，⑵美國得從此放棄任何對日本的制裁。這，任何結論都是零，所以有白費唇舌的可能。

日本找蘇哈托來代替他發言——壓制中共的心態，美國是明白的。因此柯林頓在五日，於總統專機飛往日本的途中，在機上辦公室單獨接見《朝日新聞》記者，說了以下的話：

一、日本米穀市場開放問題仍是懸案，要求其實現，直到日本姿勢改變。美國貿易赤字，主要是來自製品貿易問題，在這方面對日輸出擴大，對日本消費者有益，所以要作貿易上的全體改善。

二、北韓發展核武器，日本也要起來製造；如抑制北韓的行動，日本也就免了擁有核武器的那種痲煩，更不說節省了資金。這對日本的政治、經濟、軍事，都是好事。

三、對中共政策，雖然意見相左，可是美、「中」經濟關係深厚。中國已由軍事的，轉而追求經濟利益，應予評價。因此對於「最惠國待遇」可作永續的解決，以維持美、「中」關係的安定化……。

日本外務省對柯林頓的以上談話，立刻引起了「注目」。說：「這樣對中共政策的轉變，莫非是對大陸的軍備、人權問題不問了？這明顯是對亞洲兩個競技者（Player）同等待遇嘛！」柯林頓在有關談話中也說：「假如日本擁有核武器，在國際間的孤立，比點上火把還明亮，日本不應走上此路。」這話更使日本難受起來。

不止如此，柯林頓在登機前，就說：「對日本年間一千三百億美元順差的貿易不均衡，美國已至無法容忍的程度。」還說：「訪問日本、韓國後，將制定新的亞洲政策，因爲這地區占美國輸出額的百分之四十，年達一千二百億美元以上。」這是在舊金山全美教育協會，面對六千聽眾發表的演說。這演說，也使日本驚慌起來。

幾乎在這同時，日本TBS電視和美國的CBS電視及《紐約時報》，合作調查了美、日兩國國民對柯林頓的看法，日本人說柯林頓不可靠的占百分之七十，看來日本和美國的矛盾，不是想像那樣單純，其摩擦，除了經濟的、政治的以外，還有文化的。

七國高峯會議，與其說是合作的，毋寧說是競技的，各爲國益著想而已。日本專心一志想到的是，安理會常任理事國，希望在這第十九次會上有些突破。因此提出了「聯合國安全理事會的改革意見書」。希望把安理會由現在的常任理事五國，非常任理事十國，擴大爲二十國。

主要的理由說：(1)隨國際情勢變化與冷戰時代的終結，地域糾紛頻生，地球規模的不安定增多。(2)聯大對冷戰後的世界秩序再建，要提供其範圍，並對和平、安全人類共同問題，強化其實際處理能力與整頓人的、財政的基礎。(3)把安理會的任務和條件改善（決議者數增加，否決權的行使減少）。(4)日本若是加入聯大安理會，一定盡到責任……。

可是，現在美國、英國以及EC各國，都陷入對日貿易赤字之中，更不說其他國家和日本交涉的困難，日本何不在這些方面盡點責任？一旦日本成爲常任理事國，豈不翅膀更硬了，更肆無忌憚了？

柯林頓表明支持日、德成爲常任理事國，是看在日本和德國的錢上，其實日本到時候還拿不拿錢，大有疑問。現在，日本已把改革安理會的「意見書」在六日遞交了聯大秘書長蓋里了，準備在今秋聯大會議時進行討論。

這次東京七國高峯會議，沒有大型酒會的安排，可是柯林頓要在美國大使館，宴請各國政要和日本貴賓，其中包括了在野黨爲首和自民黨造反派的領導者，羽田孜還想藉機會攀談一番，增點聲勢呢。

六日美、日首腦會談，一無結果，宮澤怕受到反對派圍攻，不肯讓步，所有問題還在僵化之中，高峯會議怎樣收攤？現在是一團疑雲。

一九九三年七月七日

美日經濟協議背後隱藏的問題

美、日有關經濟協議，自六日兩國首腦會談，成對立狀態以來，在高峯會議進行的同時，雙方部長級作業人員，就美、日兩國不同意見，日以繼夜的作了密商，終在今十日午前十時，獲得初步結論。其加於日本之壓力，勉強達成協議者，計有：

一、日本要對經常收支黑字，作十分有意義的縮小並在中期達成，以及包括由美國輸入在內的世界製品與服務業的輸入，作相當程度，有意圖的促進增加。以使內需主導型經濟，有力的達到成長。又對有競爭力的外國製品及服務業的加入日本市場，增大其機會，當為中期的目標，積極追求。日本為實現此目的，要採取必要的財政、金融諸措施。

二、日本要對電腦、大型電腦、衞星、醫療技術、電氣通訊等有競爭力的外國製品與服務等，由政府調度者，作相當程度的擴大。

三、對外國製品與服務的市場access，有相當妨害效果的日本政府法令與行政指導，要作改革。對金融、服務、保險、競爭政策，包括流通業，要把手續透明化。

以上是十日發表的美日「新經濟協議」共同聲明中多項協議內，最有意義的三點。可是，這個看來對日構成嚴格的三點，因爲沒有照美國原意設定「數值目標」，種下了「賴」的可能因素與更多摩擦的火種。

在十日午前，宮澤與柯林頓在 OKURA HOTEL 共同會見記者說：日、美兩國要盡速成立協議機關，對總體經濟，個別構造問題，地球性的展望與合作，進行商討。並把總體經濟協議設定在日本經常黑字與美國財政赤字削減上……。

當這個聲明發表後，日本產業界說這是「不完全的合意」，是「個別的客觀基準」。日本官方說，細部調整，要到大選後新政權產生時再說。

日本，面對美國的壓力，曾提「參考指標」；但是，美國要求把「參考指標」，加入定義，結果「指標」問題難產，才改以上述方式出之。

現在，高峯會議；美、日會談都告結束，曲終人散了，參加高峯會議來日的各國首腦，在會後說了什麼：

柯林頓說：「這次高峯會，以『雇用創造』爲中心議題，已把美國與世界的希望作了傳達，世界經濟復甦的道路遙遠，但我們已邁出重要的一步。美國的財政赤字削減計畫，受到他國支持稱贊，表示感謝和滿足。」

英國的梅傑首相說：「高峯會花了這麼多錢，我不是爲日本人的稅金而來的，英國人的納稅之多已經出了問題。高峯會的成果在於經濟成長與持續投資，這樣，『G7』二千三百萬的失業者，可有再工作機會。」

德國的柯爾總理說：「不景氣原因有百分之五十是心理的，共產主義崩潰，西方國家勝利，產生某種眞空現象——俄國弱化了，我們得勢了，暫作觀望吧，那是豈有此理的政策。俄國是巨大有長久歷史的國家與有可以誇耀的民族，這是應有的認識。」

法國的密特朗說：「高峯會，如果是這樣接著來搞，已失去目標和意義；只感到充滿了儀禮和外交手續上的事，應再簡化。」

義大利總理希比說：「各國首腦的指導力雖然很低，可是還能代表其國民發言，對高峯會的結果，應採積極態度，但不能期待太久。參加這種會議，不過是維持與有關國家的關係。」

加拿大總理康貝爾說：「我剛出任總理，參加東京高峯會，猶如參加國際政治的集中講座，有快樂的收穫，它是頗有趣味的高峯會。我的目標有三：學習，增進國益以及與各國首腦建立關係。」這位漂亮女總理的謙虛大方受到了歡迎。

先進國家首腦會談，在爲「政治宣言」進行討論時，歐美國家主張把一九九五年爲期的「防止核武器擴散條約」作無限期的延長，日本強烈反對，以致未能列入宣言之內。日本戰後以來，一貫反對核武器，並堅持了「非核」原則；由這次日本的表現來看，他們有了新的發展核武器意圖，這使美國對日本增加了警戒感，今後美、日關係也陷入微妙階段。同時，日本外務省官員也說過：「在各國強化核武裝當中，只有日本無此武器，會受到威脅。」日本爲此推進高速增殖爐的建設，並儲備大量核子燃料，其目的在此。所以日本從此多事，是不可避免的。

一九九三年七月十二日

日本終於走向稻米市場半開放之途

日本一直是主張「食糧安保」的國家。其目的是說，遇到戰爭、歉收、運輸困難、港口罷工或其他政治因素，會發生食糧供應上的危機。爲確保這種事態的不致發生與價格的安定，從七〇年代起，日本就釐訂了他們的農政方針——不從外國輸入食米，因爲稻米的自給率已達百分之百。

另一方面，日本有獨特的「食管制度」。這個制度頗有歷史性。往前追溯，日本在一九二一年就有「米穀法」誕生了。本此，到一九三三年又產生了「米穀配給統制法」——米是按人口配給的，它是「戰略物資」。到日本戰敗後的一九四二年，把以前的這些措施，改以「食糧管理法」來代替。米，雖然不再配給，可是仍然嚴加管理，由販賣到價格的決定，都由政府來運作，並爲此設立了「農政審議會」與「米價審議會」從事有關農業調節的工作。

因爲日本食米自給自足有餘，爲了維持這種自給的農業環境與安定農民生活，曾不斷的抵制來自美國以及關稅貿易總協的開放食米市場要求。在「烏拉圭回合」的幾次交涉，日本都是以「例外」爲由，拒不接受開放，並觀望其他國家（應該開放市場國家）的反應，寄望這種交涉的失敗，責任不在日本一方面。所以，它長時期的採取了拖延戰術。其間也由各種民間團體起來高聲吶喊反對！幾乎所有抵抗的辦法都使出來了，當然也有主張至死不屈的，特別是指望農民投他票的那些「族議員」，不願失掉他們的既得利益與已經掌握多年的地盤。其中，農業協同組合，有著不可忽視的力量。

但是在國際社會，日本不能「自外生成」，在衆口一聲要求之下，日本對稻米市場的開放，不得不求其次善——履行所謂「最低輸入義務」。這個最低義務，日本是說輸入消費量的百分之三，但經關貿總協在多角交涉會議中，則要求日本輸入百分之五至百分之八，並把這項協議通知了日本。

嚴格來說，日本的交涉很成功，在延宕十年之後，妥協在百分之四上，又在「關稅化」方面，把它推到六年以後再說，這對日本農業的影響就有限了，至多是對農民的補貼作些調整而已。

因此，日本首相細川與執政各黨進行了協商，說要作最後決斷，意思是接受這個比較有利條件，以打開僵局。日本內閣官房長也發表談話說，關貿總協最後已接納了日本的意見，要在閉會之前發表有關聲明，作爲回答。

可是，「最小限度開放」，日本還有堅持反對的集團，日本社會黨就是不贊成任何開放的最大勢力之一。該黨委員長村山且說此舉違反了聯合政權的共同協議，那時有過不開放稻米市場的共同主張，爲何中途變節？於是又引起了細川政權的安定問題。如果社會黨徹底反對，沒有廻旋餘地，等於退出聯合政權，後果不堪收拾。

這次在布魯塞爾舉行的關稅貿易總協有關農業分野的貿易自由化交涉，美國和歐洲共同體之間，已獲最大進展。在這同時，日本先由民社黨發表了「容忍」聲明，這個試探氣球是很特殊的、很例外的。因爲日本民社黨早前是反開放最厲害的政黨，這一百八十度的轉變，無異地是替政府作應聲蟲，也是給社會黨反對者看的。

日本政府內部有不同意見，自民黨與農業團體掛勾起來反彈，又是必然的。此刻日本全國農協在召開四百人出席的代表大會，由北海道至廣島，在農民之間也是一片反對之聲。

現在，日本國會也開始緊張起來了，在政治改革、追加預算議案有擱淺可能的此際，又有了稻米開放問題，在在顯示了難關重重。細川突破這些，還要相當政治藝術，因爲在執政的七黨當中，新生黨的防衞廳長官中西啓介，在鬧出問題後，因有小澤一郎出面支持，閃電的解決了。可是社會黨已入閣的山花氏，則沒有那樣影響力，他在社會黨裏說了不算數，也就是社會黨雖有代表人物參加到內閣裏來了，可是其他成員是各走各路的沒有歸屬感。

另方面，社會黨已覺察到，在新政權之下，有被消滅可能，在這危機意識中，如果社會黨採不合作態度，細川政府就面臨了最大考驗——解散國會或撤銷稻米市場開放的承諾。無論出於何者，對日本政局以及日本在國際間的信譽，都是最大打擊。

日本媒體對上述事態，亦抱悲觀成份。觀察家說：「和社會黨的調整難航必至」，因爲社會黨堅持在聯合政權成立時的「四項合意」——不開放稻米市場的公約是其中之一。而且細川首相與畑英次郎農水產大臣也說過遵守國會決議，不開放稻米市場的話，這些都構成拘束力，雖然這是反國際化的孤立行爲，卻是不顧那些後果的，大有人在。

日本知道關稅貿易一般協定新的多角貿易交涉，這次的「烏拉圭回合」已面臨攤牌階段，非由一九九五年起輸入百分之四，並到本世紀末提高到百分之八，不能解決問題，卻是這項交涉在秘密進行過程，未獲日本國民理解。因政府官員在國會答辯時，一直說「不開放」。這個官場言詞，最後落得無法自解，也給在野的自民黨製造了口實。

現在美國和歐體各國已達成協議，開放！韓國也改口說有條件的開放！日本，這個貿易黑字大國，如何逆其道而行？

一般專家都說，鬧得天翻地覆，最後還是免不了開放。這對日本來說，既是責任，又是義務。我國和日本的國際環境不同，和各國貿易關係也不同，和日本併肩反對，是跳向火勢最猛之處，無法回身而已。

一九九三年十二月八日

開放米市，細川有驚無險

日本自「烏拉圭回合」在一九八六年一開始，就緊張起來了。米，是他們的命。日本在四十年前，還是時常處在饑饉之中。更不說日本歷史，有相當歲月是餓殍載道——最嚴重的一七三三年，一下子餓死過九十六萬人，到了江戶、明治時代，也有多次米價飛漲，釀成過饑民蜂起事件。日本原屬窮困之地，米對他們太重要了，所以有「食糧安保」思想與「食管法」的政策，任何打破他們農業安定生產的外來壓力，都會誓死反對。

——一九八六年九月「烏拉圭回合」一登場，日本參、衆兩院，立刻決議，反對！這種反對決議在這之前一聞風聲，就搞過兩次了。

——在一九九一年十二月，ＧＡＴＴ秘書長正式提出具體的米穀市場開放議案後，日本馬上派農林水產省審議官鹽飽二郎氏前往交涉，對「關稅化」的問題表達反對之意。

——一九九二年ＧＡＴＴ秘書長鄧克爾來日，聲言稻米市場開放「沒有例外」，但協議未獲結果。日本再派田名部匡農林大臣訪美，與美國通商代表希爾斯會談，仍無進展。

——一九九三年六月，在東京舉行了日、美、歐有關部長會議。會中決定「烏拉圭回合」的多角貿易交涉，要在十二月十五日以前作出整體性的承認。這對日本來說，等於是作了最後通牒。

——一九九三年八月細川政權登臺後，急派自民黨的調查委員岩倉具三訪美，探聽美國農業部的態度，所得結論是沒有讓步餘地，於是細川分別垂詢外務省官僚以及執政各黨負責人意見，並就「Minimum access」方式進行了檢討。在這同時，又派自民黨的「農林水產物貿易對策特別委員會」委員長保利耕輔到華盛頓，說日本要緊急輸入食米二十萬噸，想先來個討好美國，但是亦無效果。

——一九九三年十月，日本派了密使赴歐，與各有關國家作私下折衝，才有「關稅化」留待六年後再議的構想出現，這構想也爲有關國家認同了。這位密使鹽飽二郎，他帶著「大哥大」，開著出租車，在歐洲各地轉個不停，在談判中，所有的方法都用上了，才得到較爲滿意的結果。

從以上的交涉經過來看，日本對這問題，是在投石問路之中，先掌握了某些情報，亦即先明白了各國的意圖和態度，而不是坐以待斃。

關於稻米市場開放，就美國的立場來說，從布希政府到柯林頓上臺，是一貫的說「沒有例外」，可是美國並非要求百分之百的實現其主張。這從「最低輸入量」的妥協點，可以看得出來。日本怕的是立刻「關稅化」，對農民造成打擊，得一緩衝，毋寧說還是喜出望外。這種外交，日本也設定許多說詞。諸如他們向柯林頓表示：「稻米市場開放，對美國不利；因爲泰國米、中共米，都比美國便宜。不如維持現狀，像日本由政府（食糧廳）指定向美國購買小麥那樣，互相實惠！」又說：「日本十年來，有一半以上的小麥是購自美國，這是考慮了美國的利益。」

此外，日本從八月起就向美國精米業者協會（RMA）送秋波，說要先輸入美國米，作爲臨時應急。使強烈要求日本開放市場的RMA，隨之變得軟化而友好起來。所以到九月，日本提的妥協案，就已到了成熟階段，在這過程，連外務省也不知道，因爲一切是在機密中進行的。

此外在協議中，日本也處處講究了技巧，例如「關稅化」延期六年的事，美國直接使用「delay」一詞，這是指到第七年，非「關稅化」不可之謂。日本則想用「review」（再協議）或「renegotiate」（再交涉）來過關。雖然日本的主張被美國看破了——到時候會賴，因此改用了「shall not apply」；但是日本在輸入的數量上，由美國主張的百分之六到百分之十，而交涉出百分之四到百分之八的成功，還是值得參考。

日本稻米市場開放，在宮澤喜一當政時代就想解決，但那時日本的官僚不贊成，以致拖延下來，把這包袱交給了多黨政權。

在這多黨政權中的第一大黨——社會黨的處境特殊。跟著聯合政權走？還是全面撤退？都有生存上的危機。因爲社會黨曾一直扮演反對黨的角色，農民和示威羣衆寄望他們站在選民的一邊，把開放的問題推翻，因此到十三日的最後關頭作不出決定來。

另一方面，社會黨不明政府的交涉經過，對這種後果有若干疑慮。其中最大問題是，社會黨本身，沒有強而有力的領導者，無人敢作片面決定。等到攤牌階段，他們先開中央執行委員會，再開兩院議員總會，爭論，沒有結果。到下午七時又開中央執行委員會，然後來個第二度議員總會，並繼之以第三次中央執行委員會，還是意見分歧。在這重要關頭，不斷傳說著社會黨分裂的消息，實際，分裂等於社會黨的解體，那是不太可能的。在這時刻，每個記者都在注視著社會黨本部四樓的會議室，或遠隔操作的與現場記者保持聯絡。

在深夜還有大批示威者，把整個大樓照射得燈火通明。忽然傳來執委會已授權黨三役來處理之說。這時已近天明，立刻意會到事已落底，因爲一把責任集中到少數人身上，問題頓告單純，特別是社會黨參院國會對策委員長鈴木和美堅主維持聯立政權的存在，這就容易過關了；雖然在二十三名中執委中，有六人強烈反對開放。

但是社會黨最後的妥協，既未討好聯立其他各黨，也未討好社會大衆，他們留下的是言行不一的一片空洞，也象徵著社會黨的無所作爲與無可選擇的處境，與現政權訣別，就是給自民黨製造了機會。

與社會黨同樣，前進後退兩難的細川總理大臣，坐鎮在官邸直到凌晨四時，才鬆口氣。在這之前翻來覆去閱讀他要發的聲明原稿，並有立刻垮臺的那種焦躁。只要社會黨說個「不」！他的政權就完了。這給日本國民的印象是，細川政權一遇重大問題，就有倒下去的可能，未免太脆弱了。他的支持率，由於對稻米政策的改變，已由百分之七十以上跌落到百分之六十幾了，支持率也像陰雨莫測那樣的不可靠。

現在自民黨振振有詞了，說要罷免外務大臣、農林水產大臣，也要杯葛這個那個。其實自民黨對稻米市場開放問題，是作壁上觀的——已把難題推出門去了，沒有責任，不被批判最好。所以此刻自民黨的言行，姿態的多於實際。

相反的細川護熙，有驚無險。他在十四日午前三時召開臨時內閣會議，一致通過了市場部份開放的決議。並聲明說：日本對「關稅貿易一般協定」新的多角交涉，有關農業的最後調整案，正式承認並通告了GATT秘書處。又說：這項調整案雖非日本的全部主張，也有相當程度採納了日本的意見。日本如果不作這樣決定，必遭國際責難，並會助長各國保護主義的擡頭。

細川說：部份的開放之決定，也是痛若斷腸，但是自由貿易體制給日本帶來無數恩惠與利益，事已至此，非加解決不可……。除此以外，細川總理也表明了要在內閣設立「緊急農業、農村對策本部」來處理稻米市場開放衍生的問題。但是，日本內閣已告龜裂，從此合作困難，也是勢所難免。

一九九三年十二月十五日

社會•文化

日本皇太子選妃的神秘經過

過著單身生活的日本皇太子德仁，今年已經三十二歲，他是學習院大學出身，也到英國牛津大學留學過，喜歡音樂和登山，個性比較保守。以前在記者詢問選擇對象的條件時，他說：「要有共同價值觀。」還補充說：「例如到紐約百貨店，看見好的東西就想買，那就麻煩了」云云，可見不是怎麼大方的人，雖然他是皇太子。

由於他的性格，由於皇室的規矩森嚴，在過去四、五年來，出現於新聞的許多女性，亦即有成爲太子妃可能的候補二十多人，都各奔「他方」了。

在一個個落空之後，「緣份」落在小和田雅子（Owada Masako）身上。

這次選定的太子妃小和田雅子，是現任日本外務省事務次官小和田恒的長女，今年已經二十九歲。雅子小姐是在國外長大，她一歲半就隨著父親遷往莫斯科，又轉居到紐約，並畢業於美國哈佛大學的國際經濟學科。回國後，再入東京大學，但沒多久參加外交官考試及格，進了外務省工作，給宮澤喜一當過翻譯。

她和皇太子的相識，是在七年前的秋季，那時西班牙皇女葉麗娜來訪，在東宮御所（赤坂御所）舉行宴會席上，兩人初次相晤，並有過交談，這給皇太子留下了較深印象。當時皇太子二十六歲，雅子才二十二歲而已，那是剛考上外交官不久的事。可是，大約兩年後，雅子離開東京，到英國牛津大學深造去了，這樣相隔五年，互無來往。

去年八月，雅子回到東京，並戲劇性的再度相會於皇室，當然，這是在皇太子求偶沒有結果情形下，由作業小組安排的。最初，雅子並不情願進入這極其封建的宮闈，何況只見幾面，也難說有何愛情。但是，皇室權威性是很高的，很難說不！就是這樣，太子選定妃子的消息，一下子傳遍了世界。

序曲起自去年八月十六日，那是小和田雅子從倫敦歸來不久的一個早晨，兩部沒有任何特徵的汽車，轉彎滑入了東京恬靜的住宅區——國際協力事業團總裁柳谷謙介的家。

柳谷也曾做過外務省事務次官，既是小和田雅子父親的老上司，又是宮內廳長官藤森氏的好友，把他發動起來成全好事，是宮內廳的「謀略」。

進入柳谷邸宅的兩部汽車，裏面的乘客，一是皇太子德仁，一是小和田雅子小姐。兩人的來到這裏，是爲別後相隔四年十個月的再會。這項安排，與其說有何羅曼蒂克，不如說是很勉強很受罪的。

日本男女，更不說皇室和平民之間的男女關係，其尊卑一向是劃分得很清楚。在這情形下的交談，是先由小和田雅子向皇太子報告。報告了什麼？不外是工作和生活，並說：「處境很麻煩，記者每天在追蹤。」皇太子表示了同情之後，也述說一番他的工作，包括擔任各種名譽職的活動狀態。

這一天，他們盤桓半日，在不是情話的對話中，應該是「最長的半日」吧！

在這次見面沒有結果以後的十月三日，宮內廳不知費了多少周折，又安排了他們相會的去處。場所選在離東京車程三十分鐘的「鴨場」，位於千葉縣市川市的一角，這裏是宮內廳管理的有二十萬平方公尺的野鳥生息地。僻靜得可以看到野鴨子飛舞，卻不是談戀愛的好去處。

場所既然選定了，不去也不行。這一天，明仁天皇，也就是皇太子的父親，在早晨九時出發，要到山形縣去參加運動會的揭幕式。他剛一離開赤坂御所，也有兩部車跟著出來，那是普通職員使用的麵包車，誰也未曾注意。可是它一上高速路，就直奔那安排好的「鴨場」而去了。實際開車的是穿茶色西服的東宮侍從長，後面的乘客是窗簾遮掩著的皇太子。

車到「鴨場」，雅子小姐已先一步恭候在那裏，在互相寒暄之後，步向池邊。這兒野望無人，連飼鳥的和清潔伕，都打發走了，也沒有保護的警察跟來。

這是雅子歸國後和皇太子第二回合的相會。他們在池邊散步，也觀賞從加拿大飛來的野鴨子戲水。午餐還是由宮內廳送來的便當。

這時，皇太子在述說宮內生活中，表示了求婚的意願，向雅子小姐。

可是雅子以「我還要繼續外交官的工作」爲由，在回答中婉拒了。畢竟是在外國長大的雅子的膽量，較一般日本女人大上十倍。她在作了這樣回答之後再不出聲，雖然皇太子還不死心，可是雅子臨走時又補充一句：「拒絕了不會見怪吧！」這樣不算恭維的話。這對皇太子，應該是很尷尬的場面，雖然皇太子說「沒有關係。」

但是選妃小組（日本稱選考班）不放過她，於是又安排了十一月二十八日的約會。

這次更像偵探小說似的，是用小旅行車，掛著窗簾，把雅子載運東宮臨時御所來了。時間是選在黃昏，先由雅子妹妹開車離家，中途換車，到達某旅館，再鑽進小旅行車，以避人耳目。這些行動，都是選考班出的主意。

既然進宮了，那還有什麼話說，何況在這期間不知有多少說客上門。

更重要的是，皇太子開始「電話攻勢」。一通一通向雅子家打個不停。從此，雅子從外務省請假十天，作了一番「長考」。在「長考」期間，又被接到宮中三次，終在十二月九日，她迎接二十九歲生日那天，作了最後決定——恭謹接受婚約。

可是由小和田家發出的正式承諾，則是十二月二十日，是用電話通知宮內廳的。

已成皇太子妃的小和田雅子，生於一九六三年十二月九日。一歲半，就隨著赴任的父親小和田恒前往莫斯科，又遷赴紐約，在國外住過六年。歸國後進入了新宿區立小學，四年級時轉校到世田谷區私立田園調布雙葉學園，這裏是貴族學校，直到高中一年級，是接受標準日本教育的。此後，她父親應聘到哈佛大學擔任客座教授，又一同去了美國。雅子住在波士頓郊外，並進入了當地普爾門高校，因成績優異，被新聞界譽爲「才女」。畢業後考入哈佛大學專攻國際經濟。畢業論文是「日本貿易中的石油——輸入價格ＳＨＯＣＫ的對策」，以此獲得了優等賞。回國，在一九七六年四月，插班到東大法學部三年級，在日本算是「學士入學」。她每天苦讀十二小時，目的是要做外交官，並於在學期間考取了外交官資格。在東大僅一年，就進入了外務省，派在國際機關第二課服務，主管經濟合作暨開發組織各國事務，雅子擔任的是「環境問題」。有時忙到深夜。

她爲什麼中途到英國再去深造？一說是躲避有關成爲太子妃候補的報導，因爲那時就盛傳她有被選入宮的可能了。

小和田的家世，也不尋常。祖先是新潟縣村上內藤藩的武士。祖父曾任高中校長，父親在東大教養學部畢業，就進入了外務省，做過駐美公使、駐蘇大使。現任外務省次官，這是日本官僚最高職位。母親優美子慶應大學出身，人如其名。此外她有兩個雙胞胎的妹妹，也舉止不凡。

雅子爲人稱贊的不止如此，因爲她長於各種運動——網球、高爾夫、滑雪、游泳，無一不能。所以有著一付健美的體態，看來非常現代化，又充滿了智慧，後者是所有美的源泉。

雅子，作爲王妃，是比戴安娜更及格的，但日本皇室的繁文縟節和嚴格規矩，平民進宮，可能是受罪多於享受。

以現在熬上皇后頭銜的美智子爲例，她一進宮，不但老皇太后對她嚴厲，就連宮女、站班的，也看不起這個民間人，找她痲煩，更不說很難和親生父母相會的那些苦楚。

現在日本有識之士，寄望由太子妃雅子，把皇室的封建性格，有所改革。但是支配日本皇室的宮內廳，非常頑固守舊。由皇陵到皇室，巨細無遺都要過問，並儘量維持早期的性格，今後右派得勢，怎樣來擺佈日皇，不是沒有問題存在。

二十九歲的雅子小姐，被選爲太子妃，有助日本皇室外交的展佈，普遍的受到了歡迎，這裏也表示祝福之意。

一九九三年一月十三日

日本皇太子婚禮的繁文縟節和雅子嫁妝

日本皇太子德仁殿下，與有志外交工作的才女小和田雅子，今天舉行結婚大典。此刻在東京已經掀起祝賀熱潮——紀念金幣、紀念郵票以及來自民間的各種活動，都已先後登場。日本政府初步宣稱要大赦三萬人，使其免刑或減刑。這一天，對日本來說，是個非常重要的日子，因爲這是他們皇儲——皇位繼承人，維持「皇統」於久遠的成婚大典。

提起日本的「皇統」，到新婚德仁太子這一代，該是第幾代皇帝?沒有人能作出正確回答，雖然在宮內廳的書陵部大金庫裏，藏有一部「皇統譜」，在「譜書」裏記載著，自神武天皇以來，到現在是一百二十五代;可是，神武天皇的有無，在日本史學界，還是沒有定論的呢。

這次德仁太子的結婚，由選妃開始，費了幾近十年的歲月，是一波三折的落在雅子小姐的身上，這對皇室來說，娶個才女，算是幸運;但對雅子的未來生活，以及她如何面對皇室的封建威勢，也有人爲之擔心。她自皇室會議通過婚約以後，在這一百四十天當中，曾和太子會晤過四十次，這些「約會」，日本媒體常當「花邊」新聞處理，所有行動在婚前就已受到了制約，連每次該穿何種服裝，都不能自己作主。如果說其中有何「愛情」，這四十次的約會，該是很重要的過程。

今天成婚大禮，每個細節，都是由宮內廳「皇太子御婚儀委員會」委員長宇佐美負責安排的。由警察出動戒備，到儀典的舉行，以及各國大使的接待，國內要人的何者可以出席，無不規劃周延備至。

結婚典禮，是在宮中「賢所」舉行，這裏被視爲「神域」之一，不准拍照，當然更不對外界公開。除了在這裏舉行「結婚之儀」以外，在六月十五日至十七日，還要在豐明殿舉行「饗宴之儀」。也就是在這三天之內，舉行六次喜宴，招待的貴賓有兩千七百人之多。它包括現任閣僚、參衆兩院議長、最高裁長官、國會議員以及由天皇「認證」過的特命全權大使，此外是各都、道、府縣知事與地方的議會議長。在各官廳裏，僅有事務次官可以出席。

在財經界，四大經濟團體首腦是當然被招待者，其他大公司的社長，就沒有席位了。但是對藝術院、學士院以及得過文化勳章的，則予禮遇。例如作家阿川弘之、作曲家團伊玖磨等，都在列席名單之內。「饗宴」的食桌，是在六百八十平方公分的方盤內，置兩菜一湯一飯，此外有羊羹、鮭魚等等，席間演奏來自中國的雅樂，能出席這個盛會的，都非等閒之輩。

皇太子和雅子結婚的新房，是設在建築面積約二百坪的「東宮御所」。其中的一樓除四十平方公尺的接待室以外，另有大食堂、事務室和四個休息所，以及廚房和預備室。「洞房」是在二樓。這裏包括書齋，只有兩房一廳。總共不超過六十平方公尺，可以說十分狹窄。這裏雖然也有電話，但是號碼是絕對的秘密，不爲外人所知。結婚的新房雖然空間有限，這次雅子嫁妝還是不少。那是六月三日，一個搬家公司選在「大安」那天動員了三十五人，到小和田的住處目黑區南一丁目，把雅子的陪嫁，裝了五卡車，其中既有繪畫、體育用品、桌椅之類，也有貴重的寶石箱。搬運公司說，光是書籍，就有十多紙箱。

在這些「陪嫁」運到宮中的當天早晨，雅子的伯父小和田顯（專修大學敎授），親到「東宮御所」呈獻了陪嫁品目錄，其中還包括一臺雅子喜愛的 COROLLA 牌轎車，以及車裏的二十捲音樂帶。嫁給皇室，陪嫁是嚴重問題。當年美智子和明仁（日本的今上）結婚時，由正田家運去包括沙發、鋼琴以及餐具之類，共三卡車，其費用約合現在的三、四億日圓。當然其中另有昂價的貴重品。這次雅子的陪嫁花費，亦必可觀。這筆錢由誰負擔？底牌是謎。因爲雅子的父親是公務員，高薪也是年收有限，讓他負擔幾億，會搞成破產。因把女兒嫁給皇族以致破產了的曾有先例。

那是在戰前的昭和十六年，高木正得子爵，把她女兒百合子嫁給三笠宮時，爲籌辦嫁妝欠了一大筆債，後來這位子爵選擇了自殺的道路，成了個悲劇人物。

關於皇室結婚的陪嫁，商人也乘機敲竹槓。因爲在皇室有「御用商」，所製都是高級品。雅子父親向新潟一家傢具公司訂製一套桐木衣櫃，約五百萬日圓，可是送來的是貼金的「金箔簞笥」，其價格超過一千萬日圓，這家公司老闆辰巳康之，並在新聞電視上，爲其傑作大事宣傳，卻使雅子一家大大的苦惱起來。

日本皇室的「結婚之儀」，是沿襲古禮，並在明治三十年制定了一套神道辦法。所以宮中充滿了神秘莫測與神聖不可冒犯的色彩。

今天，皇太子和雅子，先在「賢所」（午前十一時）舉行婚禮，並向「天照大神」捧讀「誓告文」，表示結婚如儀了，再互飲「御神酒」，才算成爲夫妻。其繁文縟節，是神殿、皇靈殿都要頂禮膜拜之外，晚上還要啃三個「夜餅」，這每個動作都是儀式，麻煩，有說不完那樣多，簡直是與神同在了。卻是雙方父母都不參加這個婚禮。完事才向兩陛下報告，並在這場合贈授勳章。此謂「朝見之儀」。

在服飾上，皇太子著「黃丹袍」束帶，說是象徵旭日東昇，實際這是仿於唐裝。新娘穿的「十二單」，重達十四公斤。也是來自中國的古典形式。此外是鑲有一千個鑽石的皇冠，是新修理的，並把重量減輕了些，美智子和老皇太后都戴過它，也算傳家之寶。

這次皇室的結婚預算，共達二億八千六百萬日圓。光是各種儀式，就得花上二億二千萬，包括「饗宴」費一億七千萬在內。此外新任了東宮女官長、女官四人與司機等，這要六千多萬日幣。

結婚的遊行車隊，皇太子與太子妃是乘敞篷轎車，一改以前用四頭馬車的習慣。理由是很難控制馬的拉糞。

從前幾天開始，就把車隊進行路線，包括斑馬線和號誌，都粉刷一新，連街燈都作了清洗，也是怕裏面藏有炸彈，更對沿途居民要求緊閉門窗，所有危險之處，都作了檢點。其實，日本人是尊敬他們的皇室的，除少數偏激分子以外，許多人道賀還來不及呢。

日本皇室有兩位民間人入宮，這是很大的轉變。因爲皇室的過於保守，會背於時代要求，更不說對於優生學上的影響。這在民間是普遍給與歡迎和肯定的。日本「華歌爾」公司的社長，且以「鷄聲朗朗告雅春」這樣半通半不通的話，鼓勵雅子以外交官的經驗，推動和平的皇室外交。也有以西歐爲例，寄望作皇室改革的。

但是，雅子從今天起，就喪失了民間人身分，連戶籍也要塗銷。皇族是另列「皇族譜」

裏，選舉和被選舉權，也宣告停止。想遷移住所或脫離國籍，都受限制。

許多評論家說，美智子給皇室帶來新氣象，必然的雅子也會對日本皇室的風尚，有其助益。雅子結婚前一天，日本股票市場大跌，日本女性已經開始求職困難，日本經濟也在衰退不振，在這不景氣年代，街頭歡呼太子成婚場面，必然的在興奮之中，還有許多不安。日本人也都期望，皇太子的成婚，能給日本帶來好運。

一九九三年六月九日

日本皇室小檔案

日本皇室，是日本有數的一處秘境。

管理這秘境裏天皇一家的宮內廳，有一千多名職員，嚴密得插翅難飛。宮內廳既非政策機構，也不是行政單位，祇是沿襲古老的習慣，爲皇室做些這個那個。

宮內廳職員，有「普通職」與「特別職」之分。前者是主計、總務之類，後者是侍從與女官之類，皇帝與民間沒有接觸，當然這些人選，是由宮內廳薦介而來的。因爲工作範圍只有那麼大，所以，這裏的人際關係陰晦，複雜得不同外界。

第一，這裏沒有退休制度。

第二，這裏沒有公務員考試規定。

第三，這裏沒有職業保障辦法。

因此，宮中職員，只要說聲「你辛苦了」，就得立刻捲行李。但是，現在的明仁天皇很仁慈，也很紳士。他自己很少挑剔。例如他在卽位前的太子時代就在東宮給他當侍從的目黑勝介氏，曾和女官有過戀情，但因此公八面玲瓏，不但未被開革，反而跟著由太子侍從成爲天皇侍從了。

日本宮廷的女官，大都處理「大內」的工作。皇后有皇后的女官長，太后有太后的女官長，太子妃有太子妃的女官長。現在皇太后的女官長是北白川祥子，已七十二歲；皇后美智子的女官長松村淑子也六十九歲了，大致她們相處尚好。可是，美智子的前任女官長，常有下欺上的事情發生，說這個不是學習院出身的民間人入宮這個不對，那個不對。當然她是仗著皇太后的勢力，才敢放肆無禮。

提起已九十歲的皇太后良宮，她在十三年前就患著痴呆症。痴呆的程度，當昭和天皇過世時，她雖然在側，竟不知道她的丈夫已死；現在更是垂垂老矣，一直臥病在床。她曾骨折，早就不良於行，更有心臟衰弱現象。因此，皇太子德仁和小和田雅子的婚期，不便提早宣佈。怕的是皇太后一旦有個不測，婚期還得取消，在服喪一年以後，才能舉行結婚大典。

德仁皇太子，在十年前留學英國時，曾訪問過歐洲其他十四個國家，當看到北歐王室可以自由在街上散步時，羨慕不已。回國說：「想和國民親近！」但說是說，很難辦到——有宮內廳管制，管制得生活特殊化、神秘化。因此他對金錢感覺，異於常人。

皇太子的口袋裏，不帶一分錢。他和同學在學習院大學附近咖啡店喫茶或到日本橋的丸善書店買書，都是當天早晨由侍從交給兩三千日圓而已（約六、七百臺幣左右）。也就是在必要時才拿點零用。這個習慣，旣是皇室的守則，又是他父母（現在的天皇和皇后），從小就是這樣教育的——節儉。以前的豪族之一酒井美意子說：「天皇家長期以來，一直過著質樸的生活，美智子入宮爲太子妃時代的服飾費，還常由娘家來支援。」這是眞實的。現在的皇太子德仁，在進入學習院初等科時，他的制服是著用他父親三十年前穿過的舊衣服，料子雖好，可與其他同學制服的顏色稍有不同，引起過美智子的一陣傷感呢？

日本皇室是個「刻舟求劍」世界，其嚴酷性，恐怕還不是外人所知吧！

一九九三年二月十五日

日本皇太子結婚大典側寫

日本皇太子德仁殿下（三十三歲）與外務省事務次官長女小和田雅子（二十九歲）的結婚大典，九日清晨開始，照預定的時間表，隆重的舉行了有關儀式。

首先是在小和田家（目黑區南一丁目）的周圍，自凌晨三時許就有人羣奔向這原屬恬靜的住宅區，爲的是爭睹雅子的風采，更不說攝影記者，都在五點前到達了現場，架起了遠近鏡頭。六月，在日本已進入梅雨季節，東京從八日晚間就細雨霏霏，直到清晨不停。

六點三十分，雅子在父母及其胞妹伴同推門出來，互相話別就登車而去了——進宮準備結婚儀式。

九點六分，皇太子出現在東宮御所的門前，稍事停留給宮內廳記者拍照，隨後也乘車進了皇宮居，因爲東宮御所離皇居很近，不到十分鐘就越過櫻田門來到了「大內」，在鄰接

「賢所」的綾綺殿與雅子分別齋沐換裝。

在這之前，有八百名參列的賓客，包括皇族與雅子一家，都在宮內深處的神殿兩側落座了，氣氛凝重嚴肅，好像發生了令人無法承擔那樣重大問題了似的。雅子的妹妹一直以手拭淚。

午前十時，穿著黃丹袍，頭戴垂纓，手持帖紙的皇太子，在儀典長的前導下，由神殿迴廊來到「賢所」。雅子在女官長與女官拉起曳地的「十二單」服尾，也緩緩來到「賢所」（這裏有三種神器中的鏡），並雙雙跪在他們的神前。一拜、二拜、拜了十三分鐘，飲過神酒，循原路回到人們見不到的深處，這算結束了神前的結婚儀式。

這樣神道色彩濃重的結婚典禮，無論在哪個國家的民間或皇室，是世界獨一無二的，有著特異性。

從宮中三殿的「賢所」來看，它可以說是宮內秘境裏的三座小廟，都是高床式的檜木建築，它很能代表古意是不錯的，但是裏面的神支配著這裏以及無數的人，是一問題。

在這重要儀式之後，有雅子父親小和田恒夫婦的記者會。所提的諸如和她女兒雅子在成婚前的話別，都說些什麼？現在的心情？最值得回想的事？等等。顯然的，小和田恒把女兒嫁到皇室，有許多未知數，他感慨萬千，更有欲說不能的苦澀滋味在心頭。以致所有的話，都很形式的，只著重，希望他女兒盡到責任，盼望她幸福，如此而已。

在這繁文縟節裏，重要的另有授勳、朝見之儀，因爲這時另著西式禮服，多少給人輕鬆些的感覺。最爲大衆歡迎的，是由二十九輛車隊編成的出巡遊行。

到下午四點半，東京的細雨停了，雅子與太子始得乘敞篷車出現街頭。由皇室繞道新宿、四谷一周，沿途有在夜晚就佔位置，又在雨中等到天明的年輕人，她們熱情洋溢的爲皇太子、雅子夾道歡呼，爲他們的成婚祝福，使雅子在車上不斷的綻出笑容，這笑容還是很民間式的，因爲皇室人物的笑，也有限度和不成文規定。

這一天，日本的各黨各派人物都發表了賀詞，其中，社會黨的山花委員長說：結婚儀式當爲國家行事固無不可，以神道與宗教的來進行，不無遺憾。其他都是一片讚美之聲。還有湊熱鬧趕在同日結婚的青年男女，急著到區役所辦了婚姻註册，說三十幾年才有這樣一次好機會，和太子同一天舉行婚禮會帶來幸運的。

現在，皇室裏，美智子、雅子的名字響叮噹。說也奇怪，戰後以來和皇室成婚的女性名字，都有「子」字殿後。諸如常陸宮正仁娶了華子、三笠宮寬仁的太太叫信子，桂宮宜仁的太太叫容子，高圓宮的夫人是久子。剛結婚的皇太子的弟弟秋篠宮文仁，娶了美貌的紀子，已過世的昭和天皇的未亡人叫良子……，日本女性以「子」相稱，據說是起於七世紀，吸收中國文化的結果。早期只限貴族，到明治時代以後才開放給民間女性，可以「子」字爲名。

日本皇太子和雅子結婚大典過後，有無蜜月旅行？答案是沒有。

他們將在十六日、十七日、十九日分別到伊勢神宮參拜、到神武皇陵參拜、到昭和天皇陵參拜——都是爲神而活動。其實這早期的所謂第一代神武天皇，說他活到一百二十七歲的這個神，不過是神話而已，因爲日本的初代天皇另有「崇神天皇」說與「應神天皇」說。所以，這些神有的是象徵的，並不眞實，卻是在皇室裏嚴重萬分的在祭拜著，這從太子結婚整個包圍在神的氣氛之下，可以理解其目的，是很政治的。

日本的皇位繼承以男性爲主，如果雅子將來生女不生男，那就輪到皇太子之弟秋篠宮了。因爲他是第二繼承人，所以日本不可能有女帝。但是日本皇居，是個大公園，裏面有植物栽培中心，名貴的菊與蘭有八百盆，此外還有五百年樹齡的五葉松。生活在這裏，作學問研究，必有成就，雅子隨嫁妝運去大批書，說不定有這個準備呢。如果這樣，那註定她是幸福的了。

一九九三年六月十日

日本皇太子結婚洞房裡的密聞

日本皇太子和雅子的結婚典禮，在世人矚目之下，在四方祝福聲中，順利地完成了。這些過程，透過電視的傳播，映在許多人眼前，這是可以看到的部分。還有看不到的一些內幕——更生動的情節，這裏補述一、二，以爲談助。

許多人都把注意力集中在「賢所」舉行的儀式與「朝見之儀」以及「車隊巡行」方面，並對雅子的微笑和美，語多讚詞。

但是，這些和皇室結婚的「奥義」關係不大，它另有隱秘，殊少人知的一面，趣味橫生。

日本媒體說日本皇室結婚儀式，是來自平安朝，但遍蒐平安朝文獻，沒有隻字記載。倒是在他們承認的第七十三代堀河天皇時期，有「三個夜餠之儀」一說，其他皆屬子虛。現在所有皇室結婚的辦法，是出於明治時代的「皇室婚姻令」，並從此有國家神道勢力的興起。

現在說這個漏網秘聞之一——奇怪的初夜儀式。

六月九日夜，給太子妃雅子，準備了和她年齡同數的白餅，放在四個銀盤裏。這些餅，是由掌典長（儀典長）夫婦，在晚上八時，送到太子與雅子的寢室。他們在上床前，必須各吃一個。以前，這樣行事要連續三晚，並由多子多孫的老婦人，把白餅供奉到新房。這次改爲由宮內廳長官夫婦代庖，並改爲一天，這是有助早生貴子的初夜儀式。

除了「三個夜餅之儀」，還有其他初夜秘儀，由皇室代代口授，不作文字記載。

秘聞之二，是在「結婚之儀」當天上午六時後，雅子就到了皇居內與「賢所」毗鄰的「潔齋所」了。

因爲十點過後才在「賢所」舉行神前的結婚儀式，這空白近四個小時，雅子做什麼？宮內廳的解釋是「梳頭髮」，穿「十二單服」。其實不止如此，還有「齋沐」。

天皇家在舉行神事之前，必須入浴潔身。這時皇族只有站立著，由女巫脫其衣服，並代爲洗澡。這對雅子這樣現代女性，必會大吃一驚。

以前，美智子也經歷過這一幕。她曾面紅耳赤不自覺地抗拒一下。在皇族，讓人給洗身子，是很久以來的習慣，不感到有何奇怪，雖然女巫把大人像嬰兒那樣對待。

民俗學者折口信夫說，以前在宮廷裏有「水女」（管水的神聖女巫），專給皇帝洗澡，現在這個習慣也在保留，所以太子德仁也得被女巫洗上一番。

在一九五七年十一月，現在的明仁天皇在即位後舉行的「大嘗祭」之前，也有過「洗」的儀式，宮內廳對外傳有這種「秘儀」，解釋說：「只是用洗澡水的儀式，別無其他。」但是，這樣解釋，等於承認。

秘聞之三，在皇室所設的女官，進宮時，必須是處女。但是現在的女官都已年邁，她們都曾擔任特殊任務。此外是在皇宮的「賢所」的後面有「候所」，住有「內掌典」，管祭祀的女性。她們不是公務員，是由皇室以內廷費雇用的，不許與外界接觸。

在昭和天皇時，「內掌典」共有四人，都是皇族、貴族的女兒，一生不出宮門。現在共有五人，以研修五年爲期，順次在宮中服務。這些女性，多爲國學院大學或皇學館神道科出身，並限在神社服務過的，也要處女與有國粹主義性格的。

一九九三年六月十五日

日本「皇帝圓舞曲」

四月十六日，在東京赤坂、虎之門一帶崗哨林立地進入半戒嚴狀態，人們不知何故？原來是在這附近的 OKURA HOTEL 有舞會。

舞會的來賓有各國駐日大使和日本上流社會的貴族顯要，雖然現在日本已無貴族這個稱呼，可是那種身分，他們是永遠不肯忘懷的。

主持這個盛大舞會的，是國際婦人福祉協會會長江森夫婦。今年，日皇和皇后美智子破例地參加了這個舞會，顯示了日本宮廷的向民主化變革，以致使許多人驚奇了一陣，因爲日本國民從沒看過他們皇帝明仁的舞步，當然日本宮廷也沒有過這種舉動。

這一天，男士著小禮服，女士盛裝，都打扮得高貴入時。在這五百多坪的會場，正面高出一階的是貴賓席，相反的方向是輕音樂樂隊，佈置堂皇雅潔。

七時二十五分，高圓宮夫婦入場，七時三十五分他們的天皇、皇后駕臨，當然日本外相武藤嘉文與文武百官早就恭迎在側了。在用餐之後，司儀宣佈舞會開始之際，日皇與皇后美智子率先步入舞池，然後是貴賓席的客人，再次是其他兩側的客人，相繼翩翩起舞、是皇室指定的圓舞曲。

可是，美智子和日皇共舞時，雖然笑容可掬，卻是舞步蹣跚，是明仁用力支撐著美智子的右肘，才免於跌倒，使來賓面面相覷，直到歸座才鬆了一口氣，因此，在攝影記者舉起相機時，宮內廳職員不斷地攔阻。

由這個「皇帝圓舞曲」的演出並不優雅，可看出日本皇室，特別是來自民間的皇后所受的壓力，已經危及健康生活。日本在古代的「雄略」和「武烈」天皇，是有名的暴君，在那時代，無論妃子或皇后都不好過。現在的情況，雖與古代不同，但在宮廷裏維持神的子孫的概念，是依然存在的。在這方面他們也辯解說，日本皇室比英國的好——不曾出現醜聞，更沒有像亨利八世結婚六次那樣的紀錄。但是宮中生活神秘氣氛太重，這由皇太子選定的妃子小和田雅子，在接受婚前教育中，把「神宮、宮中祭祀」列爲教程，就可看出來它的獨特性，是和任何國家不同。

日本在明治維新以後，爲了西化，特別造了一座鹿鳴館，鼓勵參與社交舞會。但是，日本人天生上身長下身短，特別是在舊時代，所以表現的是「四不像」。

一九九三年五月四日

日本的「過勞死」與社會問題

日本「全勞連」（總工會），在去年爲工資調整進行的「春鬥」，提出的口號是：「人，要活得像個人，工作也得維持人的本位」。這是針對日本社會，特別是企業，對職工的過分役使，造成許多「過勞死」的指控，並起來抗議的。

日本的民間團體，也爲「過勞死」的問題，設立了一一〇號專線，爲的是，遇到因過勞而死的，可以撥個電話去商談善後。今年，從年初到二月末，撥電話去就教的有二千零九十二起。其中有管理職、營業擔當者、技術人員、土木工人、工廠勞動者、大樓管理員、公務員，還有經營者的家族。

日本的「過勞死」問題，實際早就存在，是近些年來才表面化。試看日本勞動省（勞工部）在一九八七年十一月所作的調查，就可明白。這項調查，是就全日本八千個營業單位的一萬五千名工員普遍進行的。其健康狀況是：「感覺有病」的占百分之八十二點九；

說「感到疲倦」的占百分之六十七點三；又「精神疲憊」的占百分之七十二點九；已經有「stress 症」的占全體的百分之五十五點五。高齡，即五十歲以上的，四有其一患著「心不全症」。

爲什麼在這「經濟大國」有「赤字人生」，要累死而後已呢？沒人願意這樣，卻又不能不這樣。這就說來話長。

一、日本是把每個人置於一個齒輪上，輪子轉多快，人要跟著轉下去。在齒輪上脫落，便是失敗者。這裏只有機器——社會構造，沒有自己。整個社會組織，猶如畫上白線的跑道，後面有看不見的鞭子，人一上跑道（**都得上跑道**），精疲力竭，也要跑到底。

從官方統計來看，日本每人年間總勞動時間比西德多五百四十七小時，比法國多五百四十二小時。其實不止如此，日本公司、工廠，深夜燈火通明在加班的，比比皆是。他們把「加班」說成「殘業」，指未幹完的工作，要幹完它！

二、日本不僅是每個人工作時間長，而且是緊迫的、高密度的與高質量的，承擔各種負荷。日本學者說，他們什麼也沒有，只有人力資源。這個人力資源的形成，是在所謂「合理化」與「人力開發」兩者併進的。前者是勒緊褲帶，再勒緊；後者是以一當十，把單位生產性上昇再上昇。

爲了達到這些目的，日本有「人力開發」公司與訓練班。這種訓練較之我們的海軍陸戰隊嚴格——洗腦，讓每個人在意識裏沒有自我的存在，不久前有因受訓致死的與中途逃走的，在電視上作過報導，並有介紹這些問題的專書在行銷著。所以，正確的說，「人力開發」，是徹底的人力壓榨，因爲後邊有個「合理化」跟著，它比共產黨的辦法高明百倍。凡此都是管理型社會的產物。

關於這些情況，並不是無根據的信口雌黃。因爲日本厚生省，也有過「國民生活基礎調查」。調查的項目，著眼在健康狀況、住戶動態與所得收入等。

在健康狀況上說：「病於工作的日本人，有三千四百八十萬之多。其中(1)住院的患者爲九十五萬人；(2)通院治療的爲二千七百二十萬人；(3)不能行動的有三十七萬人；(4)有自覺症狀影響到日常生活的，是六百二十八萬人。其中半數（一千七百萬人），儘管經常出入醫院，還在照樣工作著。致病的原因，經訪查結果，一是勞動時間太長；二是責任重大；三是限時趕工量太多；四是單身赴任，缺乏照料，以致積勞成疾。

在家庭狀況上調查說：「已經高齡化的有三百三十萬戶，其中半數以上無人照料。此外，有所謂「母子家庭」，即父親死亡或另結新歡宣告仳離的，有五十九萬七千戶；又，母親離家出走或死亡的「父子家庭」有十一萬五千戶，也就是日本的殘破家庭，共有七十一萬戶之多。由於這些情況，當問及生活滿足程度時，回答說「普通」與「很苦」的，占全體的百分之四十一。說「過得充裕」的僅占百分之九。其他算是中產階級。

這些調查資料，很能反映日本社會眞相，對理解日本，有其絕對需要。所以，現在日本總理大臣提倡「生活大國」，提倡「縮短工作時間」，學校也搞起「週休二日」來了。它，是否有助日本「赤字人生」的解決?

答案還是否定的。

日本有「企業人間」的話，一個青年，無論男女，一出校門，就打入公司裏了。進入公司就是企業「戰士」，一切由不得自己——只有往前衝。

關於企業戰士的生態，一九九二年上半年，在東京飯田橋有過「過勞死」研討會，出席者有遺族二百人與律師等其他關係者參加。這在全世界來說，也是別開生面的一種集會。這些遺族向社會控訴了他們的遭遇，並各提出了不同的事例，其中有在聽社長訓話之間昏倒，送醫不治的。

由於各企業戰士的體調「異常」，在東京各地「提神飲料」大爲興隆。兩年前在東京車站八重洲口的一角出現了陳列一百九十種的健康飲料小店，經過這裏的上班族，有三分之一上前買一瓶咕嘟下肚。在怒濤般人潮伸手求購，使這小店發了大財。日本的*WEEKS*週刊，還爲這現象搞過「特輯」，面對社會問題，可以說這些編者是很有眼力的。

最後是說，這問題解決不了的原因。日本，「社會」是「會社」（會社是公司）；「會社」是「社會」（公司是社會）——企業人間，亦即把人都打到「生意羣裏」了。企業爲了賺錢，停不下腳來，每個齒輪都得跟著轉動，企業是肥了，勞動者是赤字人生。所以，日本也有人權問題存在。不但存在，且由聯合國人權委員會提出來要求改善過，其中包括對精神病患者的待遇。日本是把這些患者當爲囚犯來監禁著，使其與世隔絕，這算什麼人道？

一九九二年十一月二十五日

揭開日軍「慰安婦」的面紗

日本政府在七月六日，就「從軍慰安婦問題」發表了調查結果：承認日本政府與日軍「關與」此事，並證實「慰安婦」中，既有朝鮮人、菲律賓人、印尼人，也有中國人，包括臺灣人在內，以及其他廣泛亞洲地域出身的婦女。

日本內閣官房長官加藤紘一代表日本政府說：「不問國籍與出身地，對深藏著有苦難言的所有從軍慰安婦們，衷心表示歉疚與反省之意。站在錯誤不許再有的心情上，堅持和平國家的立場。」這算初步揭開了日本從軍慰安婦問題的面紗，也算正式的對蒙害者作了道歉。但是，問題似乎不這樣簡單；因爲日本不肯承認他們是強制的行爲，這就有虧良知和人類道德的標準了。

關於「日本從軍慰安婦」問題，早就看過了幾本揭發這個醜陋事實的有關著述了。其中之一是吉田清治，他在戰前擔任山口縣勞務報國會下關支部動員部長時，到韓國，在三年之間沿各村落包圍抓了六千男女，分批的押回日本，其中有九百五十人女性送到前線，充當慰安婦了。這是他的自白。其二是《朝日新聞》論說委員北畠清泰以及電影導演山谷哲夫，以「從軍慰安婦的責任與罪」爲題，描述過那些慘不忍睹的事實——說有些婦女是三、四歲孩子的母親，被迫拉上了卡車，一去不返。這個情形發生在中國南方和北方，發生在臺灣，以前就有許多說法，現在由日本官方來證實，不過是一位中央大學教授吉見義明先生，從防衛廳圖書館裏發現了以前的《日軍通達和日誌》，裏面盡是「慰安所與軍方關係」資料，又把這些事實張揚在一月十一日的《朝日新聞》，才使日本政府沈不住氣的，在一九九二年一月十七日宮澤訪韓時，向韓國作了「謝罪」、「道歉」。其實，在這階段，日本已是坦承這個事實了，不然何必?!所以，慰安婦的事，已不是新聞。頂多「認帳」，算個過程。由於防衛廳的資料外洩，由於韓國的對日本抓住理由不放鬆，才使日本不情願的「調查」此事，其實他們早就心知肚明，「調查」、「證據」都是「耍花槍」。這個事態，日本戰前的軍人，無一不知，無一不曉，也就是六十五歲以上的日本男性，大多經歷過這個醜陋事實，說軍人排隊去等待「慰安」，這類文字和照片，早就出現過了。但是要「調查」看看，調查的結果指出：

「自去年（一九九一）十二月起，調查從軍慰安婦關涉到政府的資料，計在防衛廳找到七十件，在外務省找到五十二件，在厚生省找到四件，在文部省找到一件，共一百二十七件。就內容加以分類來說，有「設置慰安所必要的軍方論文」、有「慰安婦募集者與慰安所經營管理的內務省通達」、有「部隊命令」、有「慰安所衞生管理軍醫報告書」，還有「慰安所規則」等，這些資料理應公開，因爲人們懷疑，還有更具體的資料。韓國已表示，未見全貌。

日本內閣官房長在記者會上，只是承認了有那些很難啓齒的事實，可是對於怎樣「補償」？含混其詞，雖然韓國慰安婦，已有五百五十人站了出來，並向日本法院提出了告訴。對於這些，加藤長官說：「在法的、條約的方面，都已解決完事了」；「對被害者的辛酸，今後誠心誠意的來對應。」據說，日本首腦之間考慮到了與建紀念碑、資料館；並籌設基金，來補助被害者（不對被害者進行個人調查）。若然，才能談到對這問題解決的誠意。

現在，日本已把「慰安婦」調查結果，通知了有關各國，我國臺北駐日代表處也接到了題爲〈有關朝鮮半島所謂從軍慰安婦問題〉的一份報告。報告是出於「內閣官房內閣外政審議室」之手。從眉題來看，是避重就輕的不願正式承當責任。報告書內容與各報所載大致相同。

我國駐日代表處方面也在努力蒐集資料，進行交涉，並與外交部的處理小組配合。日本已表示公平處理，相信我們會得到與其他國家同等立場。更寄望日本爲了獲得亞洲國家的信賴，作合理的解決，由此建立共識！

中共方面的反應是，要與韓國同等待遇，日本也在檢討對以上這些國家如何「謝罪」！

「慰安婦」事件，由戰前到戰後四十餘年，才抖出來，才由日本官方承認，這說明了什麼？認識日本與研究日本，是頂重要的課題。

一九九二年七月八日

日本海上機場——關西空港

日本建造中的「關西空港」，是世界首次出現的海上機場，無論工程、設計與功能，都有許多特點。

「關西空港」的位置，是在大阪灣東南，臨泉州灘約五公里的海上。在這裏已完成的人工島面積爲五百一十一公頃，投入的砂土達一億八千萬立方公尺。這些砂土是遠從大阪府，和歌山、兵庫以及淡路等地運來的，每一立方公尺的購價約爲九百日圓，這個移山塡海的工程，艱難倍至。

例如人工島的護岸，從海底築起於水面，它的高度達九十公尺，長度達十一公里，把這水域圍起來，才能塡土。還有，人工島和陸路的連結橋，是上下兩層的構造，上面是六線高速道路，下面敷設複線鐵軌，建於流砂淤泥之上，相當不易。何況長達三千七百五十公尺，現在雖未完工通車，看來已經十分壯麗。

「關西空港」正式開業，預定是在一九九四年的夏季，此刻滿載建材的船隻，往返海上，一幅繁忙景象。據有關單位簡報，說總建設費約爲一兆四千三百億日圓，其實不止此數，因爲還有附屬設備未計在內。日本對於這個「空港」的建造，在二十年前就開始海底狀況調查了，在這水域，雖然水深只有十八至二十公尺，但事後知道，在這二十公尺之下，還有二十公尺由淤泥構成的冲積層，同時，在這軟弱的冲積層之下，有四百公尺深度的洪積層，耐不住塡砂覆土重量。但是日本以新的「埋土工法」把它克服了，因爲地盤下沉，並非沒有止境。

「關西空港」的建築物設計，是公開向國際間徵募的，結果義大利建築家畢亞諾的作品入選，同時也參考了法國巴黎國際機場的建築概念。

現在這個航空大廈，僅有部份完成。從圖樣上來看，是在本館之外伸出兩翼，並有四十一個登機口（成田機場僅有二十八個）與電動行走路。

「關西空港」的特徵，是可以二十四小時起降，此外是國際線與國內線的出入在一個大廈內（四樓和一樓是國際旅客用，二樓是供國內旅客用）其他服務設施，諸如銀行、郵局、診所、免稅店與餐飲，都在二樓，三樓是登機通路。

機場的九十公尺高管制塔，是細長型的外加鐵柱。在管制塔上可望到機場全景，頂端是球型雷達，其功能是可管制空域半徑一三〇公里，高度及於六千公尺。所有飛機起降皆由海上，免得發生公害。

日本的所謂「關西」，是指京都、大阪、神戶一帶地方。現在，大阪已有國際空港，爲何又在這附近地區再造空港？其理由是：⑴發展關西免得過份集中東京；⑵日本至今沒有二十四小時全天候開放的機場，以此補其不足；⑶日本經濟一直是以對外貿易爲主，對此，有過「美日經濟構造協議」，日本要在十年內投資二百四十兆日圓，擴大內需。興建「關西空港」，算作擴大內需之一，對美國有了答覆。

「關西空港」是六年前開工的，把它建在海上，多少有些冒險，因海上常有強風從側面橫著吹過來，這對航空起降是大敵。現在僅有一條跑道約三千九百公尺，顯然不足。再擴建，要在深海推進，不無困難。

一九九二年六月二日

日本計程車世界第一好

外國人來到日本，第一印象，都說日本的計程車好——第一，清潔；第二，美觀；第三，服務周到；第四，車型統一（無論乘客三人或四人的，都各有規定）；第五，令人舒適。

還有，無論車程遠近，在可停車地方與該上車的一定場所，不會遭到拒絕；長途短途，也沒有講價的，更無野鷄車的存在。因此，無論美國人或德國人都說日本的計程車好，好得世界第一。

計程車好，不是孤立的一枝獨秀。它涉及交通法、道路法和有關教育的成功。人們都知道，日本在戰前不但沒有高速公路，就是普通慢車道，也是狹窄不堪的。可是戰後四十年來，日本的高速道路，由隔海的北海道，穿山越嶺，已經貫通全國，更不說普通的「國道」是四通八達的了。

日本的道路，由鄉村到城市，都是高級路面，平整得像一面鏡子。高速道路，由道路公團來管理；一般國道，由所轄地方政府管理，不許有任何凸凹破損存在，更無汽車過處濺起泥漿顛簸而行的現象。

不止如此，在日本道路法中，規定的標識和標幟，馬路的中間線、停車線、左轉、右轉以及斑馬線，不但畫得清楚，紅燈、綠燈、照車鏡，無不設備得周全備至。高速道路的標牌與電動的指示字幕，尤其醒目。這使開車的人，省了許多精神，減少了許多疲勞，當然的減少了車禍的頻率。

除了道路的現代化以外，日本的交通法，規定甚嚴。第一，沒有車庫(包括車庫租約)，不准買車。在東京新宿區一個泊車位，月間要五萬日圓的租金，還不容易找到。因此在繁華區放棄自用車的大有人在。第二，駕駛執照的取得不易。日本的自動車學校，對報考駕駛執照的訓練甚嚴。除路面的操作，要熟練無誤以外，筆試一百題要在四十分鐘內答完。這裏沒有一點人情或者通融餘地，那是百分之一百廿的認眞。第三，行車超速或違規停車，罰之！最近，日本警方用衞星來監視全國行車狀況，所以馬路兩旁隨便駐車的事情少之又少。

日本計程車的汰舊換新速度很快，開不到兩年，就換新車。各車行都規模很大，擁有一千、八百輛，毫不稀奇。這些交通公司都與汽車製造廠關係密切。例如用豐田牌的，不但定期供應，而且價格較市販便宜三成。

個人獨立經營——「跑單幫」的不是沒有，但嚴限開過五年計程車以上，未曾違規，又無半點不良紀錄的才可以。又，計程車司機的駕駛執照，以及其他營業貨卡的執照，和一般駕駛執照的取得不同。普通執照，不能上陣。日本的駕駛執照（免許）分「大型」、「普通」、「大特」、「自二」、「小特」、「原付」、「牽引」、「大型二」、「普通二」、「大特二」、「牽引二」等十一種。計程車司機的「免許」，要「普通二」的資格。亦即操作相當熟練的，才能當之。所以，日本計程車很少發生事故；乘「個人」的，就更安全得多了。

日本計程車，四十年來在同一地區的，車費價格一致（現在是一上車由六百圓起跳錶）。可是最近運輸省，忽然改變方針，說可以自由決定「運費」，讓業者自由競爭。於是引起了一片反對之聲。

運輸省的這一措施，是感於在保護價格之下，營業車輛增加太多。自由競爭的結果，必有因減價而有經營不下去的，由此達到「調整」之目的。日本計程車經營的人事費占百分之八十。因爲一名司機的月俸在四十萬日圓左右，這項支應相當沉重。多半是家庭負擔太多的，才從事這種長時間勞動，這在中外都是一樣。

日本計程車受到好評的另個原因，是經營企業化、科學化的結果。不但都有無線通訊設備，現在也有裝上車內「大哥大」，供給客人使用的。更不說車內沙發套的洗濯都有自設工廠，每天換裝一新。

在各重要出入口，都設有 TAXI STATION，沒人敢爭先恐後，排隊是日本的最大特長，在任何角落與任何階層，包括在政治上，他們是個排隊的社會。

一九九三年七月五日

日本酒館醉人天國

由於酗酒招致生產力低下，對此感到頭痛的蘇聯前指導者戈巴契夫，提出過飲酒限制政策；美國在雷根總統時代也制定了「未成年飲酒禁止法」，足見對酒精中毒的事，已引起世界性的關切。那麼，日本的情形如何？

最近，一到週末的星期五、六的夜晚，急救車警聲大作，出動到現場的，非常之多，這是年輕人豪飲的結果。在大衆酒店，學生同好之間的各種集會，常以特定的一人爲對象，大家拍手鼓噪，「乾杯！乾杯！」一飲而盡。這種牛飲作樂，實在有著生命的危險，所以日本也有著「醉漢天國」之稱。今宵何處去？在這些人之間，總是「一氣、一氣！」（猶言乾杯）的一唱百應，以生死的遊戲爲樂。

這些年輕人，一到夕陽西下，就在志同道合之間呼朋引類，擁到霓虹燈耀眼的地方去了，像是參加大拜拜似的。實際日本的拜拜、祭典，是擡著神轎，喊著「哇茲笑！哇茲笑！」

以慶五穀豐收。現在卻是把「一氣！一氣！」當作拜拜式的來遊戲了。其相似處，是酒有「共感」。當然，祭拜，是少不了酒的。舞臺是能吃能喝又便宜的「居酒屋」——「MURASAKI」、「北之家族」等類的酒館，價格是啤酒三五〇至四〇〇日圓，清酒一壺是二五〇至三〇〇日圓，燒酒三五〇至四〇〇日圓，下酒小菜每種二〇〇至五〇〇日圓（約百種）。團體客以會費制爲主，所以座上常是年輕的大學生居多。此外喜歡上西洋式酒館（Public house）的也爲數不少。其中以充滿日本情調的木造建築，陳設古舊的最有「人氣」。爲什麼，是鄉愁？不是，理由簡單，越破舊地方，越感價格便宜，不會使人望之生畏。他們是按自己目的、場所，來喝鬧酒或靜悄悄的邊飲邊談。

「今天來此喝酒，是承某某桑的關照，謝謝某某桑，謝謝某某桑！」話匣子一開，這個小集團就熱鬧起來了。當然鄰桌的一羣，也不甘示弱，「一氣！一氣！」的喊個不停。這樣一來，店裏噪雜之聲，此起彼落，後至的少數客人，雖想安靜，亦不可得，也就只有隨著把噪門拉高，和同來的朋友交談。於是人聲，碗筷之聲，騷然不安了。其間，也有閉口發呆，望著這些狂態的，也有退避三舍的。

凡是到較寬敞的「居酒屋」去的，都是青年層，其中多爲大學的同好會、俱樂部學生，也有高校剛畢業，才十八、九歲的。雖然在日本有「未成年飲酒禁止法」，規定了未滿二十歲者不得飲酒。又在販賣店對未成年者買酒亦不許可；可是這些條文形同虛設。因爲店員從不過問未成年者的年齡，更無所謂阻止他們的飲酒行爲了。

前幾年，發生過中學生二人離家出走後，在東京迪斯可舞場碰上了不良少年，用車載至千葉山中，被殺害的事件。事實上法律規定，未成年者不准進入這種場所，警察當局曾作嚴格指導管理，因爲這種地方可以隨便飲酒，足見在青少年中飲酒成習者不少。

酒，無論在東洋或西洋，自古以來，幾乎就是與生活有關係的，所以把飲酒視爲不當的價值觀，只有很少的例外而已，也就是只有對青少年的飲酒，不獲大衆的贊成；可是這種例外，現在也面臨了考驗。可見，陶醉在杯中物的成人社會，對青少年也帶來很多影響。

呼朋引類喝酒，一喝就是兩個小時以上，在這快樂天地，盡情享樂，甚至沒有界限；有，也是不醉不止。因爲一杯在手，喝著喝著，就是向最高限挑戰的遊戲了。何況一飲而盡不是出於自己的意識，多半由同伴鼓噪，愈是年齡小的，愈得聽命。其實人體所能容納的酒精量有限，不喝，會被譏諷爲不是男子漢。

另一方面，多少喜歡杯中物的，雖想適可而止，但在慫恿之下，不得不拿出英雄氣概的也大有人在。這時每每獲得歡聲、掌聲與更多的喝采。於是，瓶盤狼藉，昏昏欲睡者有之，頻頻入厠者有之，各個原形畢露。當然，其中也有酒精中毒，甚至一病不起的。去年的一年，因急性酒精中毒，由消防廳出動救護車的，共五千六百六十八人，最可怕的是未成年者占五分之一，達一千一百十一人。

過去，新聞界常報導死於酒精中毒的事故說：「一口氣喝了三、四杯的入學新生，中毒而死」，還有：「爲酩酊大醉的學生開去二十四輛急救車」的新聞。關於這種事態，許多年輕人總覺輪不到自己身上，每當醉垮了都說下次不幹了，可是下次還是照樣一飲而盡。時間久了，便覺沒有酒是痛苦難捱了。

一九九三年七月，日美兩國共同進行了飲酒和健康關係的調查研究，日本方面的厚生省研究班（班長久里濱醫院院長河野裕明），很快地就該國酒精依存症患者，提出了研究報告，結論是：可以視作患者的占百分之三・六，疑有「依存症」的占百分之七十九・五，陷入「灰色」狀態，亦即有「準依存症」的，占百分之十六・九。日本十八歲以上的人口約八千九百萬人，僅就前述百分之三・六的患者來說，就有三百二十萬人，是生活在酒精中毒之中。日本的此項研究，是抽查一千二百二十五人的診斷結果。當然，在統計學上看來不無出入，可是最保守的估計，患有此症的至少不下二百二十萬人。

又就國稅廳的酒精消費統計而言，每天喝清酒五合，相當大瓶啤酒五瓶以上的牛飲者，有一百九十到二百萬人之多，這些人等於平均每天灌下純酒精一五〇CC，從上面兩項調查統計，都說明了這種事實，是信而有徵的。如何預防治療，現在正在檢討對策之中。

日本酒館的風景，一到「曲終人散」，桌面上倒七豎八，幾至人仰馬翻，理性也就無從穩定了。算完帳出門，店員趕緊收拾殘局，笑迎新的客人到來。幾個輪廻賺幾筆，年年月月不停息。喜愛這個調調的客人特多，往往兩三家轉臺子，每次花費不多，也要三千日圓左右，最後天天弄得囊空如洗，家庭失和者，不知凡幾。

在中國，飲酒比日本紳士，精調小菜，款款談心，醉也醉得愉快。日本，常有下班族到賣酒的雜貨店，站著嚼點花生米，喝得東倒西歪再回家。這表示他是出去應酬了，有交際能力，是故意給他太太看的呢！

日本地名與中國源流小考

日本的地名研究，不外地名語源的詮索與其傳說的追溯。在這方面早期的重要文獻，是日本《風土記》，它可與《魏志・倭人傳》所記邪馬臺國諸地名，作些比定。日本雖然也經過若干戰亂時期（有過戰國時代），可是地名，從古至今變化不大。關於這些漢語地名的由來，在江戶時代，有過研究，其中成就較多的是本居宣長、賀茂眞淵、谷川士清等漢學家。到明治中期，繼承此業的有邨岡良弼與吉田東伍兩氏，前者的代表作是《日本地理志料》，後者的大著《大日本地名辭書》，膾炙人口。

日本的地方資料，除前舉者外，最爲基礎的，是當聖德太子建立律令國家之初，有國郡鄉名的頒佈。這些國郡鄉名，在平安時代前期（九三一～九三八），都收錄在《和名抄》一書裏了。計：國，六十八；郡，約六百；鄉，四千餘。其中還有「餘戶」，當時律令村落制度以五十戶爲一里（靈龜元年以後里改為鄉）。不到五十戶地方有十戶以上的稱「餘戶鄉」。

在《和名抄》中有上百「餘戶鄉」。國、郡、鄉，是仿唐制的行政體系，是既有地名的整理和追認，亦即把自然發生的地名（各社會集團沿用的地名），作些區劃而已。當然，在《和名抄》裏所錄的是已經建制的，還有「化外」的小地名，小村莊、小部落，不勝枚舉。對於這些，在柳田國男的《地名研究》，有許多啓示——也許能從這裏找到來自中土的早期的先民下落。請從下列地名來看，便知不是牽強附會。

一、太秦——現京都右京區，古稱太秦，見《日本書紀》。相傳秦氏積棉於此，供應朝廷。

二、大唐——美濃國方縣郡鄉名，見《和名抄》在《日本書紀》有唐人入殖於此的記載。

三、今來——今奈良縣吉野郡大淀町。古大和國吉野郡，見《日本書紀》。是渡來人居住地之一，繞山環水，有渡來人開拓遺跡。奈良的吉野（古「今來」地），亦稱良野，櫻花著名，這裏是壬申之亂、南北朝戰爭、天誅組事件等日本古代史的舞臺。

四、漆島——今熊本市本莊。《和名抄》說是肥後國託麻郡之鄉名。楠原佑介說是漆部部民定居之處。漆島，多池沼，少風塵，適於漆業製造。在《日本靈異記》有漆部里的記述。漆部，讀 NURIBE，是在大化革新以前就存在的一個職別（由大陸傳來的高科技），這些技術人員被組織成漆部連與漆部直，前者是師傅，後者是學徒。漆部連人員，在天武朝（起於六七三年）被賜姓爲宿禰。到聖德太子時代，在財政大臣之下，設立了漆部司，司內有伴部七人，品部十三人，主持其事。所以，漆島、漆部的地名，猶如現在的「外人外資加工出口區」吧！勢力來自大陸，是可以肯定的。

五、鏡作——大和國城下郡鄉名，見《和名抄》。在伊豆國田方郡，也有鏡作鄉其名。日本仿製中國銅鏡，起於古墳時代前期。與其說仿製，不如說是請來了大陸技術人員與資材爲恰當。因爲在《新抄格勅符抄》這本不大流傳的書中，有「鏡作十八神戶」（大和二戶，伊豆十六戶）的記載，當時是拿這些外來新貴，當神看待的。後來在大和朝廷下，把鏡作部且發展爲鍛戶，改製其他金屬器物了。

六、錦部鄉——是錦織的簡稱，在日本古河內國有錦部郡；此外在山城國愛宕郡、河內國若江郡、近江國淺井郡、滋賀郡、美作國久米郡等多處，都有錦部鄉。現在的富田林市，還有錦織的地名遺留下來。據《和名抄》的記載：錦與綾等高級紡織品，是由大陸專業技術人員從事的，在五世紀雄略天皇七年設立了品部，後改織部司專司其事，這是把引進業種之所在，稱爲地名的又一紀錄。

七、新座——現東京保谷市一帶，是武藏國的郡名。新座，古稱新羅郡，在奈良時代文獻記載著，這裏是新羅移民落腳之地。新羅的統一朝鮮半島，其勢力是來自辰韓，辰韓是以流落異域的秦人與其後裔爲主體。這些人在國難當頭，在滅亡前後東渡，由日本的這個地名來看，是信而有徵的。日本還有甘樂地名，現羣馬縣甘郡，通說是韓人居住地。此外也有百濟、高麗地名在焉。

八、秦原——《和名抄》謂備中國下道郡的鄉名。現屬總社市。地沿河川，旣名爲秦，是早期秦氏居住地之一。此外在日本還有上秦鄉、下秦鄉的地名存在。

九、吳部鄉——《和名抄》謂伊勢國壹志郡鄉名，相當於現在松阪市由東至西地帶，這裏有麻紡機織神，被供奉著。日人「自稱吳太伯之後」，若然，在春秋末期夫差敗於句踐之役，吳人越海來此定居，在中國史書上可以找到相當線索。現在，日本有吳市、吳港、吳桃（上野國利根郡）、吳妹、吳島、吳羽化學工業會社、吳服、吳屋、吳音……相傳迄今不衰。

十、幡多——現高知縣幡多郡，《和名抄》謂在土佐國以幡多爲郡名的特多，亦是古代秦氏居住地。在近畿地方，與秦氏有關的地名，不勝枚舉。

十一、須惠（陶）——在《國造本紀》一書中，有須惠國的記載，後改上總國周淮郡，日本《崇神紀》說是茅渟縣陶邑地名。昔周公第三子封於茅，即今山東省金鄉縣西北的茅鄉。在《日本書紀》〈雄略紀七年〉條下有：「新漢陶部高貴者來朝」的記載，製作的陶器是中國式的灰陶，並在這前後有了陶部之設。須惠（SUEI）的地名由此流傳下來。《和名抄》說須惠在備前國邑久郡，今岡山縣濱海地帶，地名仍舊。

十二、玉作——《和名抄》說在陸奧國有玉造郡、鄉。在駿河國駿河郡，以及下總國迎瑳郡、埴生郡，都有玉造鄉其名。所製玉器有勾玉、管玉、圓玉、切子玉、小玉、平玉等。據寺村光晴的研究，日本製玉遺跡分佈很廣（在四、五世紀），所以有玉作部的存在。這種部民制是有著外來的經營壟斷特徵。日本玉作遺跡中最有名的是在島根縣八東郡玉湯町發現的出雲玉作場所和工房，是古墳前期到平安朝的遺物。那時日本沒有文化可言，是由中國來的專業集團，並把玉作以地名名之了。還有玉祖神社，在周防國佐渡郡。

十三、酒部——《和名抄》下野國河內郡鄉名。在部民制之下，酒部成了地名。《應神紀》裏說：秦氏、漢氏祖先東來，釀酒獻於皇室。《姓氏錄》〈酒部公〉條則說從五世紀起才設造酒部。在聖德太子時代，且把酒部納入宮內管理，成立了造酒司。職司其事者六十人，下轄一八五戶造酒人家。酒與祭祀有關，這些技術者，又是來自中土。

十四、阿智鄉——《和名抄》謂備中國窪屋郡及淺口郡都有此鄉名（岡山市一帶），在倉敷市有西河智地名。近海，有水鳥灘。漢阿智使主率十七縣民東渡落腳之地。此外在岡山縣上房郡的「有漢鄉」，也值得玩味。

從以上所列舉的地名，約略可知早期東渡的先民的散佈情形。其實不止如此，還有若干地名如：高家鄉、韓家鄉、神稻鄉、入農鄉、服織鄉、弓削鄉、出雲鄉等，都與中國文化、中國移民有著連帶關係。它是由集落名↓鄉名↓郡名↓國名而擴展起來的，其所處環境既有地理的條件、生活的條件，更有人為的條件存在，後者是再區劃與編組；但是，古代適於定居地方，現在依然如此。這無論春秋時代吳國來的或秦、漢時來的移民，其所選擇的環境，現在來看也是最佳地區。

在這些地名裏，給我們強烈印象的是豪族部曲，由部民關係而成地名的，屢見不鮮。而這些部民又由技術分野作了區分，可以說各有所屬——普通移民和技術移民處境不同，漂泊而至的與避難下海的，境遇堪憐，也是可想而知。古代日本，不是人間樂園（現在也不是）；日本列島的地形、土壤和氣候，有許多特徵：諸如它是環太平洋造山帶的一部份，山脈褶曲，被各種斷層構造細細分斷著，山谷傾斜度大，表土脆弱，又多火山性土壤。北部冬季大雪掩門，夏季豪雨颱風成災，更不說地震頻發的恐怖。據日本建設省調查，隨時有山崩土瀉的「危險指定區」，全國共六萬四千處。最近九年間有一〇三八人因山崩遭難。所以古代的中國人，非不得已，不會來至絕島討生。

繁、雜、奇、詭的日本姓氏

日本人的姓氏比中國多，雖然現在日本的人口只有中國的十分之一。中國，從《百家姓》、《續百家姓》以及〈古今姓氏表〉等見於文獻的以及現存的單、複姓來看，共有五千六百餘；而日本的姓氏，約有十五萬之多，這也是世界第一。因爲韓國只有兩百餘姓，西歐最多的芬蘭，也只有三萬程度，歐洲全體的姓氏也不超過五萬。爲什麼日本的姓氏特多？說來饒有趣味。

在一般的概念裏，以爲日本都是複姓，單姓是極少現象。其實，日本的單姓有一千三百三十三姓之多，例如：卜、尤、孔、井、巴、方、王、戈、文、水、丘、田、石、史、江、邢、米、安、汪、那、呂、吳、何、杜、卓、垂、周、尙、易、房、金、林、芮、宗、洪、郁、施、泉、哈、胡、段、信、柏、英、宣、唐、秦、桑、桂、梁、郭、陸、陶、陳、孫、崔、張、麥、莊、連、湯、堯、曾、賀、黃、程、董、賈、解、虞、萬、葛、路、臺、熊、管、榮、潘、劉、佘、蔡、澹、龍、賴、閻、衞、薄、瞿、顏、聶、簡、邊、藍、嚴、蘇、譚、竇、闞、韓、漢……。這裏僅列在中國常見的百家，以爲參考。

這些單姓，並不是晚近因華僑改入日本國籍才有，日本規定外僑「歸化」要用日本既有的姓氏，能維持原姓的少之又少。我的張姓朋友入日本籍後，改姓「張本」了；也有改姓「吉田」的；就是因有這種限制；名，可以自由；姓，要日本的，兩代之後，才能打入日本社會。日本的單姓，早見於千年以前（八一五年）所編的《新撰姓氏錄》了。其中，秦、林、谷、闞等姓，都曾位列「大名」（諸侯），還有做過藩主的。至於更名換姓，在氏族社會就活躍於日本的中國人，也相當之多。

在日本歷史上，被他們承認的，有漢靈帝後裔阿智王及其子孫；後來改姓坂上、丹波（京都古地名）、秋月的，都是嫡系。秋月一族世居筑前夜須郡秋月村（今福岡縣甘木氏秋月町）。在九四〇年，秋月的後代，曾出任討伐藤原之役的征西將軍。到中世，秋月種臣曾爲當地太守，領有三十六萬石的俸祿，一直到江戶時代，其子孫還享有子爵名銜呢。

阿智王子孫把姓改爲丹波、坂上的，家世更不平凡。例如丹波康賴、坂上村麻呂，在日本歷史上，赫赫有名。前者是日本的華陀，不朽的名醫；後者在一八〇一年（桓武天皇延曆二十年）曾率四方大軍遠征蝦夷到陸奧，因功晉昇爲「大納言」、「右近衞大將軍」（《史記》有命汝為「納言」語）。他五十四歲就死了，追贈爲「從二位征夷大將軍」，這是早期武職最高榮譽。他的墓園在京都東山區華頂山，俗稱日本武聖。

關於東漢阿智王後裔坂上氏在日本的子孫，有《續羣書類從》所列的「坂上系圖」可考。其中記載著，阿智王率十七縣黨類自大陸來到日本，是武帝太康十年（二八九年）。與其同來的第二代叫「都加使王」，生有三子，名山木、志奴、爾波伎，都以直爲姓。

長子山木直的一系，演化爲檜原、平田、栗村、小谷、輕、夏身、新家、門、蓼原、高田、國覓、田井、狩、東文部、長尾、檜前、谷、文部岡、路、韓等姓，後來以此爲宗。

次子志奴直，有七個兒子，這一系的姓，十分混亂。諸如姓阿素奈的、姓田部的、姓黑丸的、姓倉門的、姓吳原的、姓斯佐的、姓石占的、姓林的、姓阿良的……都是志奴直的子孫，自然是年湮代久了，還有找不上系統的。

除了東漢阿智王帶領大批人馬東渡以外，在這之前，還有秦弓月王，在這六年前的二八三年，早就率領了更多的中國人來到了日本。無論先來的秦人與後至的漢人，都具備了相當的文字記述能力，這是值得重視的。

在《日本書紀》〈應神天皇十四年〉（二八三年）條說：「是歲，秦弓月君，率百二十七縣人夫，自百濟來朝」。百濟是在朝鮮半島中南部，秦人通過這裏來到日本，又有那麼多的人赴難，這無疑是在大陸戰敗的一羣，有組織的逃亡到日本來的；不然怎有百二十七縣人夫的共同行動呢？

在紀元二八三年，中國還是動亂時期，成王敗寇，四處逃生是免不了的。其間越海集體移民到日本的秦人，其子孫後代又是如何呢？我們從日本姓氏的源頭著手，可以找到許多線索。

現在，日本人姓大秦、葛野秦、朴市秦、太公秦、秦達布、秦中家、秦田村、秦井手、秦倉人、秦小宅、秦長田、秦物集、秦部、秦子、秦冠、秦姓、秦多、秦前、秦常、秦川邊、秦原、秦野、秦許……都是秦弓月氏的後代。在這千年以上的歲月，許多姓都化繁爲簡了。例如現在姓「高椅」的，是由「秦高椅」轉化而來；姓「秦川邊」的改爲「川邊」了；姓「秦小宅」的直稱「小宅」而已；姓「秦物集」的，也就改成「物集」二字了；餘可類推。

有關秦人後裔的姓氏，在日本《六國史》裏，記載甚詳。其中由秦改姓惟宗的，是嶄露頭角的一系。惟宗一族曾爲朝臣，並世襲了「明法博士」頭銜。在大和朝廷完成的《律集解》、《令集解》的，是秦人惟宗本直。又，《延喜式》一書的著者，是秦人惟宗善經。內容是宮廷規範，它到現在還爲皇室所遵。此外的《政事要略》（卷一三〇）、《類聚判集》（卷一〇〇）、《類聚律令刑官問答私記》等日本最早的法意方面著作，則是出於秦人惟宗允亮之手。秦人重法，無論商鞅、李斯。秦代遺風傳到日本，成了日本法制化的源頭？或是可信的。何況秦人散居日本各地者頗多，在江戶時代，執九州牛耳的薩摩藩之雄島津氏，是正牌的秦人後裔。直到現在，島津家仍是炙手可熱的「貴族」（見《續姓氏百話》）。島津藩的歷史，有許多專著，它不是本文的範圍，我旨在說明，在日本人的姓氏中，從古以來和中國有哪些關聯的一些例子。

在日本人的姓氏中，有看來、聽來很雅的，例如蝶間、雪吹、北風、花見、歸山、草雉、水流、泗水、草深、小鳥川、栗花落、空谷、征矢、隱居、怡土、慈父田、善積等，這些姓，都有文學氣息。此外還有姓妻有、幾度、一二三的，以及姓宰相、獅子王、唐土、渡海、去來的。這些，也蠻有意思。

但是，日本有很多看來不慣，聽來不雅的姓。諸如姓首、尾、角、舌、膽、爪、指、翅、羽、臂、腰、腹、禿、鬚、蹄、頭、面、貌、脇、胝、胛、額、牛腸等等，都是以動物肢體的一部份爲姓。至於以各種動物名稱爲姓的，更是稀奇。由狗、熊、豬、象、虎、豹、狼、猿、狐、狢，到蟒、蛇、鯨、蟹、魚、蛤、龜、鰹、鱒、螺、鮑、蛭、蛸、蝮、蠣、鳥、雀、鶯、鳳、鴨、鶴、蟬，都是日本人的姓。在鹿兒島山川町有個鰻魚池，自古以來這裏產鰻，附近十餘戶居民，都是以鰻爲姓了。

日本人姓氏不雅的不止如此，既有姓惡（讀Aku）的、姓鬼（讀Ovi）的、姓滑（讀Amela）的、姓吹（讀Suita）的、姓笨（讀Takeno）的，還有姓色魔（讀Shikima）的以及姓四十八願（讀Yoinala）的。其中最易讀錯的，是姓浮氣的。浮氣，一般人都唸Uwaki，是說人男貪女戀，表示不正經的一句話；但是用在姓氏，當固有名詞時，只能唸Uki。至於宿女、性全、大呑、鬼追、熊走那些姓，是屬於難讀的。日本難讀的姓，相當多。其中有姓一寸二分、一寸六分、七寸五分、九寸五分的，這些以尺寸爲姓的，發音極不規則。例如一寸二分，讀Kamae（卡瑪哀）七寸五分就讀爲Kutuwata、Kutuwame（苦子挖塌、苦子挖煤），後者較前者的發音囉唆多了。此外還有姓八月朔日（Yafumi）、四十八朝（Yoinara）、萬年馬（Maneba）的。唯一的西洋姓，有個亨利，大概是早期傳教士的子孫？最怪異而又難讀的，是姓害人部（Sisihitobe）、十七夜（Kanaki）以及姓言語同斷（Tekulata）的，不知爲什麼會有這樣傷感情的姓？說不定是統治者對被統治者的惡作劇；亦卽識字的（懂漢文的）給不識字的異族，起了上面那些代號。

日本人的姓，帶有嚴重階級性與蔑視性，也可從下述情形看得出來。

一、對犯罪的，把原姓更改爲奪氏、貶氏，還有改爲醜氏的。

二、把蝦夷的姓，以俘囚、夷俘、石狩等稱之。

三、把隼人的姓，以熊襲、土蜘蛛等稱之。

當你拿起土蜘蛛先生的名片，能唸出「紫氣枯毛」（TSUCHIKUMO）（音）來的，恐怕不多，包括日本人。這不是統治者與被統治者之間的惡作劇，又能怎樣解釋呢？

姓氏的由來，姓氏的演進，是歷史、文化的正體，無論在那個國家。

古代日本，有族無姓，而這族羣，又達百種以上。《漢書》・〈地理志〉說：「樂浪海中有倭人，分爲百餘國……」。百餘國者，百餘部落、百餘族之謂。所以，自古日本人種就是多雜的，姓氏的不倫不類，也就不以爲怪。正因如此，他們不能沒有天皇，不能沒有神道，把雜族統一於一尊。說穿了，日本在古代，不過是亞洲大陸的逋逃藪。

日本民族的形成，有南來說、西來說、北來說。日本學者寧願說他們是騎馬民族，甚至說是蒙古的後代，也不願承認與中國有關。果眞如此，我們看看騎馬民族都有哪些？

在中國，中原是農耕民族，騎馬民族則居於塞外大北方。從歷史上來看，早期的騎馬民族有「挹婁」、「勿吉」、「靺鞨」、「高句麗」、「濊貊」、「貉」、「女眞」、「東胡」、「鮮卑」、「烏桓」、「柔然」、「契丹」、「鬼方」、「狄」、「玁狁」、「室韋」、「薛延陀」、「匈奴」等，這些都早見於中國古籍，查索便是。其中「濊貊」蟠踞在朝鮮半島山區和沿海一帶最久，一說是箕子之民。日本作家、史學家松本清張說，日本原住民是大批「濊貊」自九州登陸而來的，又說三韓時代的「辰韓」，是秦之棄民，辰王在朝鮮歷史上，下落不明，原因是下海來了日本，做了統治者（神武天皇）。關於秦人征服日本之說還有其他專著。本文不是考證，是由日本姓氏的各種形態，漫談日本而已。

在今年五月間，日本在奈良縣田原本町出土了刻有中國建築風貌的土器繪片，這是一世紀半前的東西，狀甚瑰麗。類似的出土文物，每一發現，其來源都與中國有關，因大多有中國文字。日本最近又出土有千年以上的一片瓦，上面赫然有一「何」字，這是瓦匠把自己姓氏刻上去的。所以，無論怎麼說，日本古代的豪族，是來自中國大陸，可有許多證據。又基層民衆是騎馬民族，亦有由來。這兩者之間的統治者與被統治者的二重構造——直到現在，是日本最難解的問題之一，也是日本民族的最大特徵所在。

圍碁大國手吳清源訪問記

我一直想訪問名滿天下的圍碁大師吳清源先生，聽聽圍碁世界的種種，爲我們的讀者，作一次有意義的報導。於是由筆者在電話上和吳夫人取得了聯絡，並很快的承她安排了訪問時間，這對我來說，是非常高興的事。

一九九一年十一月六日下午二時，驅車來到吳府，輕輕叩門，吳先生和夫人就應聲出現在眼前了，原來兩位老人正在樓下書齋等待我的到訪。當步入這典雅的書齋，舉目四望，門首左側是一排落地書橱，中間是一套待客沙發；緊靠長方型客廳的盡頭，是一套珍貴的碁盤，能在這裏對奕一局，就事非尋常了。從這裏的陳設和一切，仍可看出英雄凱旋的氣概。因爲吳先生是戰功累累，稱王日本碁壇的大國手。我們入座之後，夫人捧出茶點，大家毫無拘束的閒話起家常來了。

——首先請問吳先生的生活起居，是怎樣安排的？不僅是圍碁界，全國同胞都想知道吳先生的近況呢！

吳：我每天早晨六點鐘就起床了，可是不能出去散步，因住宅附近汽車穿梭不停；再加摩托車的橫衝直撞，馬路不安全。事情儘管很多，也是做做停停，累了就靜臥養神。現在身體不如從前，曾作過心電圖檢查，爲了維護健康，現在是避免繁劇的工作，每晚十時左右就上床休息了。

——先生原來就是出身名門望族，這些年來家庭的狀況如何？已經兒孫繞膝了吧！

吳：女兒結婚了，長子在美國是學音樂的，老二在日本ＮＥＣ工作，一共兩男一女，現在已有外孫了。大哥濚生寓居美國，二哥在大陸，兩個妹妹都在臺灣生活得很好。

——先生和夫人相敬如賓，生活美滿，眞有福氣。當年是戀愛結婚，還是經人介紹的？

吳：（先生和夫人開懷大笑）隨着笑聲說：我們是志同道合的同志！那時，她在後援會應援，離我們很近，都是圍碁的愛好者。就這樣，我們在昭和十七年（一九四二年）結婚了。還批過八字的呢！她果然是非常和善的賢內助。

——我們知道先生在日本圍碁界倍受推崇，在很長的歷程，大家都是研究吳先生的碁譜，關於這方面的著作也相當多了，最近也有大作問世呢！

吳：《以文會友》，這是我隱退後所出的一本書（說時吳先生起身帶我到書櫃前指點著排列整齊的有關著作），前後算來達三十多種。圍碁，要不斷的研究，臨戰才能出奇制勝。基本上，不必把它想得太難，四面圍住，困在中間的「子」就被吃掉了。問題在攻守之間，各出奇謀，不是事前所能料到。所以中國的圍碁另有哲理，與日本的舉「子」擊盤，以「打」相加，習尚不同。這是文化。

——談到中國圍碁的哲理，請先生給我們一些指教吧！

吳：中國圍碁的歷史太久了，它是始自堯帝所作。堯帝要讓位給許由，許由不受隱於箕山，堯帝就教他兒子朱丹用黑白碁子來學天文。所謂「天作碁盤，星作子」，在那時代就開始了（話至此處，吳先生引筆者至窗帷下的碁壇兩傍落坐）。他進一步精闢的指點著說：唐代以後的碁局，是縱橫各十九道，合三六一道，中爲太極，成八卦之勢。前三關，後三關以及氣功，都在碁局中可見，所以中國的圍碁與易經有深遠關係。這些奧義，亦可從「河圖洛書」中去探求。要之，中國文化，脫不開五行、八卦之說，圍碁是這表現的一環。

——先生對日本圍碁的發展，在比較之下，看法如何？

吳：首先要認識到的，是它應該和比賽分開來看待。比賽，是由輸贏構成；但是圍碁的境界不止如此而已，也不是商業行爲，它和寫字、繪畫，乃至文章，有異曲同工之妙，是文化表現，著眼於輸贏就差一點了。此外，日本的圍碁規則，不夠全備。這事我已經提醒他們了，但一直不肯改，所以較難普及到世界。在歐美國家，只有女性可以教她們下碁，因爲過份複雜，使人望之生畏。

——現在日本的圍碁組織如何？先生有無計畫辦一圍碁學校，來培養後進？

吳：日本由德川時代起，提倡圍碁甚力，所以現在日本政、財各界，喜歡下圍碁者甚多；受到這些人的支持，也就不愁經費的來源了。其次日本圍碁組織，主要的有日本碁院，並設有學校。關西碁院是獨立的。其中日本碁院的經濟情況最好，林海峯卽屬日本碁院，不入這組織不能賺錢。我因身體關係，人才也難羅致，無力創辦這種學校，目前在臺北有海峯碁社。

——林海峯曾從先生受業，將來還會繼起有人吧！

吳：是以前我去臺灣時，周至柔將軍託我把林海峯帶來日本，那時他才十歲，成就很多。現在王立誠、王銘琬等都碁力不弱，慢慢會有有四、五人在碁壇上嶄露頭角。

——先生除圍碁的興趣以外，還從事其他社會活動否？

吳：各界熟人很多，華僑方面也無不相識，只是分身乏術。現在對慈善團體，如紅萬字會，我參與較多。這是世界性組織，在香港設有總會，可惜日本對這方面不十分熱中，實際它是集儒、釋、道、基督和回教之大成的有理想、有事業的組織。

——最後要請教的是，下碁有秘訣嗎？

吳：鎭靜第一，精神要貫注，和打棒球似的，要從小練起，使修養與碁力併進，必有成功機會。

原來預定半個小時的訪問，竟超過了一個鐘頭還意有未盡。特別是吳夫人，由始至終都陪我們坐在一起，有說有笑，又不時拿出點心來，和藹可親的招呼我們，令人感動不已。

吳先生，十四歲就遠渡重洋來到日本，弧軍奮鬥了一甲子，可以說是名滿天下一大儒。無論思想言談，都是書生本色，尤對固有文化，體認至深。這些，都可從最近出版的《以文會友》一書中，見其眞情。這是永遠值得紀念的一次訪問。有關吳先生的圍碁生涯，請參閱以下年譜。

吳清源圍碁生涯年譜

一九一四年

五月十九日，生於福建省閩侯縣下土埕。父吳毅，母舒文，育有三男三女，清源排行第三。當年遷居北京。

一九二六年

八月（十二歲），日本棋士岩本薰六段訪問北京，與吳清源對弈，授三子吳中押勝；授二子，敗兩目。

一九二七年

八月，日本井上孝平五段訪問北京，與吳清源對弈，譽為天才碁童。

一九二八年

八月，日本派遣瀨越憲作七段之門生橋本宇太郎四段訪問北京，與吳清源連戰二局，連敗而歸。

十月，吳清源十四歲，東渡日本，為瀨越氏及門弟子。

十二月，得三段碁士資格。

一九三〇年

十六歲，初次參加日本棋院升段大賽，春季七勝一敗，秋季七局全勝，晉級為四段棋士。

一九三一年

日本棋院春季升段大賽，六勝二敗；入圍者選拔賽，獲勝。秋季八局全勝，成績一等，選拔戰亦優勝。

一九三二年

日本棋院升段大賽八局全勝，成績一等；選拔戰又獲優勝。秋季，七勝一敗，成績二等；選拔戰優勝，晉級為五段棋士。

十月，「時事碁戰」（自一九三一年九月起到本年十月止），創十八局連勝紀錄。

一九三三年

日本棋院春季升段大賽，七勝一敗，成績二等；秋季七勝一「持碁」（和局），成績一等，在選拔戰優勝。

八月，日本選手權賽，獲勝。

十月，與本因坊秀哉名人作紀念對弈，清源以新的三三、天元定石，一舉震驚棋壇，並引起了新的定石旋風（按：三三者指棋盤縱橫交叉點的第三條線，天元爲棋盤的中心）。

一九三四年

日本棋院春季升段大賽，四勝一和二敗，一不戰勝，成績二等；選拔戰優勝。秋季，五勝三敗，晉級六段。

五月，以圍碁親善使節派赴中國，同行者有木谷實、安永一等。

一九三五年

日本棋院春季升段大賽，五勝一和二敗，成績一等。秋，因病未能出場。

是年一月，在日本圍碁選手權大賽第一組獲勝。

四月，日本圍碁選手權大會各組優勝者循環賽，第二名。

十月，赴天津，祭祖掃墓，旅行。

一九三六年

日本棋院春季升段大賽，八局全勝；秋，因病未出席。

四月，歸化日本，名吳泉（原名吳泉，字清源）；旋卽恢復舊名，仍以吳清源稱之。

九月，在日本棋院甲組「敗退戰」中，獲十三連勝。

一九三七年

自六月至翌年九月入院療養。日本說他對局太多，影響了健康；實際是他在日本的處境，不無困難，所以在富士見療養所住了一年以上。

一九三八年

日本棋院秋季升段大賽，三勝一和三敗。

一九三九年

日本棋院春季升段大賽，三勝三敗，三等，晉級七段。秋，二勝一敗。

六月，第一期本因坊賽開始（註）。

九月，吳與木谷實十局賽開始。

註：「本因坊」者，乃日本在四百年前的戰國時代末期，京都寂光寺有一和尙日海，是當時圍碁強人，後來日海改稱「本因坊妙算」，這是本因坊的來源。由「本因坊妙算」起世襲其位者，代出賢能。到昭和十四年（一九三九），傳到二十一代本因坊秀哉，他把寂光寺名跡讓給了日本棋院，棋院爲紀念這個義擧，集全日本專門棋士擧行大賽，優勝者畀以「本因坊」之名。

一九四〇年

日本棋院前期升段大賽，四勝二敗；後期，三勝三敗。

十月，吳與木谷十局戰進入第六盤，其結果為五勝一敗。

一九四一年

日本棋院前期升段大賽，四勝二敗；後期，五勝一敗。

四月，與福田正義訪問中國東北。

六月，第一期本因坊戰，第三名。

八月，吳與雁金準一氏的十局戰開始。

一九四二年

日本棋院前期升段大賽，五勝一敗，成績一等；晉級八段。後期三敗。

是年二月，與中原和子小姐結婚。

四月，回中國旅行。

五月，吳與雁金準一的十局戰，到第五局，四勝一敗，至此結束。

十二月，吳與藤澤庫之助十局戰開始。

一九四三年

日本棋院前期升段大賽，一勝二敗；後期三勝。

一九四四年

日本棋院大賽，前期一勝二敗；後期缺席。

九月，吳與藤澤庫之助戰，四勝六敗。

一九四五年

八月，日本戰敗投降。吳清源恢復中國籍；但家屋在大空襲時焚毀無存，頓成流浪漢。

一九四六年

八月，吳與橋本宇太郎十局戰開始。

一九四七年

十一月，吳、橋本之戰，六勝二敗，吳清源居首。

一九四八年

七月，吳與岩本薰的十局戰開始。到十二月下至第六局，吳以五勝一敗領先，再戰，又以三比一獲勝。

一九四九年

吳對圍碁高手（高段者）總決賽開始。

一九五〇年

二月，晉階為九段。

三月，吳與圍碁高手總決賽，在十局之中，八勝一和一敗。

七月，吳、本因坊昭宇三次賽開始，吳清源三次連續稱霸。

第二次吳與橋本比賽十局開始。

一九五一年

六月，吳與橋本，下至終局，五勝二和三敗，收兵。

十月，吳與藤澤作四盤比賽，吳連戰皆捷。

是月，藤澤再來挑戰，第二次十局戰開始。

一九五二年

六月，下至第九局，六勝一和二敗，最後又勝一局，藤澤敗陣。

八月，初訪臺灣，政府贈以「大國手」稱號。大國手結識林海峯碁童。

十月，吳第一次與本因坊秀格對局，獲三連勝。又與藤澤戰至翌年三月，五勝一敗，至第六局告終。

一九五三年

十一月，吳與坂田榮男十局戰開始。

一九五四年

六月，吳與坂田戰至八局，六勝二敗，坂田稱臣。

一九五五年

七月，吳與本因坊秀格第二度交兵，吳連勝三局。

一九五六年

八月，吳與本因坊秀格第三次碁戰，又連勝三局。

一九五七年

二月，日本最強決定戰開始。

一九五八年

二月，吳與本因坊秀格第四次碁戰，二勝一敗。此際吳清源已締造十一連勝紀錄。

五月，吳在最強決定戰中獲勝，居日本棋王地位。是年十二月，本因坊秀格第五次挑戰成功。

一九五九年

十一月，第二期最強決定戰，吳得第三位。本因坊秀格第六次挑戰，吳一勝二敗。

一九六〇年

十二月，本因坊秀格第七次挑戰，吳二勝一敗。

一九六一年

一月，第三期日本最強決定戰，吳與坂田同居首位。此時又有「名人戰」的開始。

七月，吳與本因坊榮壽三局戰，一勝二敗。

一九六二年

八月，因交通事故（被摩托車撞倒），腳部受傷住院，並時感頭痛，身體不適。

八月，第一期「名人戰」終了，藤澤秀行八段優勝，吳屈居二位。

九月，第二期「名人戰」開始。

吳因交通事故，精神不振，又住院療養。

一九六三年

八月，第二期名人選拔戰（League match）第二位。

一九六四年

七月，第三期名人選拔賽第二位。

一九六五年

七月，第四期名人選拔賽失敗。同年林海峯破坂田榮壽，躍居第一位，為有史以來最年輕的圍碁名人；他是吳清源帶來日本培養的新秀，時年二十三歲。

一九六七年

參加王座戰，並在七月接受第二次的「大倉賞」（大倉氏曾任圍碁會長）。

一九六八年

參加「專家（Professional）十傑戰」，日本碁院在當年（吳要參加本因坊戰時）通知他說已從碁院除籍。吳不解日本碁院作風。

一九七一年

為日本碁院會館建設募集資金。

十一月訪美，在夏威夷、舊金山、洛杉磯、紐約等地指導碁藝。

一九七二年

在「十段戰」出場。

一九七三年

《吳清源打碁全集》四卷出版。

一九七八年

十二月，母舒文女士病逝臺灣，享年九十歲。

一九七九年

再取得日本國籍，《吳清源打進十番碁全集》五卷出版。

一九八四年

（七十歲）從圍碁界引退，碁士生涯告一段落。是年《以文會友——吳清源回想錄》出版。

吳清源雖然十年前就從碁壇退休了，但一直和海內外圍碁界保持著關係，並維持著他的興趣和研究工作。今年（一九九四）五月，他就屆滿八十歲了，但是身體還很硬朗。去年夏季在東京舉行的「第六回世界圍碁選手權富士通杯」大賽時，我們在會場相遇，談起話來，他精神健旺，與致極好。

在當時出場的碁士之中，有大陸的聶衞平、張文東、劉昌赫、楊暉（女）、邵煒剛、劉小光、馬曉春等；代表臺灣的則有林海峯、王立誠等。當我們談起兩岸圍碁的發展比較時，他說大陸的馬曉春很有前途，此外是大陸人才較多，發展較臺灣爲快。

從以上〈吳清源圍碁生涯年譜〉，概可看出我們這位「大國手」在日本圍碁界的奮鬪歷程——由十四歲到七十歲退休，奮戰一甲子的經過。當然，其中的辛酸，又不是這簡約的年譜所能表達。例如在他東渡日本那年（一九二八），日本出兵山東，造成了濟南慘案；接著日本又謀殺炸死了張作霖，從此中日關係緊張，戰禍連年。日本在侵略中國的同時，更敵視中國人。吳清源在日本，是堅其百忍，在碁盤上橫掃千軍。所以，他在日本的碁賽（關鍵性的比賽），日本是當爲民族戰爭來看待的，其地位的重要可知。有關這些，從吳清源的若干著作中可以看得出來。

他的主要著作有：(1)隨筆《莫愁》（一九四〇年），(2)《吳清源圍碁入門》（一九七〇年），⑶《吳清源打碁全集》四卷（一九七三年），⑷《現代定石活用辭典》上中下三册（一九七六年），⑸《吳清源自選百局》上下二册（一九八二年），⑹《以文會友——吳清源回想錄》（一九八四年），⑺《吳清源白子布石》（一九八七年）等近三十種。

在這若干著作之中，最早期的那本隨筆——《莫愁》，內有川端康成所寫的對吳清源的「印象」。在題爲〈印象〉一文裏，川端康成說：「能日新者，必日進；反之必日退。這是由『近思錄』想起吳清源。吳七段說『碁，如果上不去，就會下來；不上不下，絕無可能。』誠哉斯言，我爲愕然自省，我敬愛吳七段！」又說：「有吳七段其人，必使圍碁精神高深致遠，他比相撲大將雙葉山，「將棋」名人木村氏，馥郁芳香得多。他是既有天才，又有叡智的藝術家，是現代任何青年所不及的……。」

後來得諾貝爾文學獎的川端康成，可謂慧眼識眞，他給吳清源的贊詞，是寫實的恰如其份，一點兒也沒有藻飾誇張。也正因此，在一九八七年五月，日本政府頒贈了「勳三等旭日中綬章」給吳清源，這既是他個人的成就，也是所有中國人的光榮！

三民叢刊書目

①邁向已開發國家　孫　震著
②經濟發展啓示錄　于宗先著
③中國文學講話　王更生著
④紅樓夢新解　潘重規著
⑤紅樓夢新辨　潘重規著
⑥自由與權威　周陽山著
⑦勇往直前　·傳播經營札記　石永貴著
⑧細微的一炷香　劉紹銘著
⑨文與情　琦　君著
⑩在我們的時代　周志文著
⑪中央社的故事（上）　·民國二十一年至六十一年　周培敬著
⑫中央社的故事（下）　·民國二十一年至六十一年　周培敬著
⑬梭羅與中國　陳長房著
⑭時代邊緣之聲　龔鵬程著
⑮紅學六十年　潘重規著
⑯解咒與立法　勞思光著
⑰對不起，借過一下　水　晶著
⑱解體分裂的年代　楊　渡著
⑲德國在那裏？（政治、經濟）　·聯邦德國四十年　郭恆鈺 許琳菲等著
⑳德國在那裏？（文化、統一）　·聯邦德國四十年　郭恆鈺 許琳菲等著
㉑浮生九四　·雪林回憶錄　蘇雪林著
㉒海天集　莊信正著
㉓日本式心靈　·文化與社會散論　李永熾著

㉔臺灣文學風貌　李瑞騰著
㉕干儛集　黃翰荻著
㉖作家與作品　謝冰瑩著
㉗冰瑩書信　謝冰瑩著
㉘冰瑩遊記　謝冰瑩著
㉙冰瑩憶往　謝冰瑩著
㉚冰瑩懷舊　謝冰瑩著
㉛與世界文壇對話　鄭樹森著
㉜捉狂下的興嘆　南方朔著
㉝猶記風吹水上鱗　余英時著
・錢穆與現代中國學術
㉞形象與言語　李明明著
・西方現代藝術評論文集
㉟紅學論集　潘重規著
㊱憂鬱與狂熱　孫瑋芒著
㊲黃昏過客　沙究著
㊳帶詩蹺課去　徐望雲著
㊴走出銅像國　龔鵬程著
㊵伴我半世紀的那把琴　鄧昌國著
㊶深層思考與思考深層　劉必榮著
・轉型期國際政治的觀察
㊷瞬間　周志文著
㊸兩岸迷宮遊戲　楊渡著
㊹德國問題與歐洲秩序　彭滂沱著
㊺文學關懷　李瑞騰著
㊻未能忘情　劉紹銘著
㊼發展路上艱難多　孫震著
㊽胡適叢論　周質平著
㊾水與水神　王孝廉著
・中國的民俗與人文
㊿由英雄的人到人的泯滅　金恆杰著
・法國當代文學論集
51重商主義的窘境　賴建誠著
52中國文化與現代變遷　余英時著

⑤③橡溪雜拾

思果 著

本書為作者近年來旅美讀書心得、生活觀感。作者人生經歷豐富，觀察入微，涉筆成趣，說理深入淺出。觀世的文章，卻沒有說教的味道，詼諧之文寫來沒有做作的痕跡。有美麗如詩的短文，也有談論科學知識的篇章。適合各階層讀者加以細讀品味。

⑤④統一後的德國

郭恆鈺 著

兩德統一不是西德用馬克吃掉東德，也不是聯邦德國版圖的擴大，而是兩個政經體制完全不同的國家及人民的重新整合。本書從這個角度出發，介紹統一後的德國在經濟、政治、法制、教育以及意識型態等多方面所遭遇到的諸多問題。

⑤⑤愛廬談文學

黃永武 著

本書以中國文學詩歌為主體，為維護中國文字的正體字而大聲疾呼；為發揚中國古典詩在現今美學中的價值而細心闡發；對於敦煌新發現的寫卷資料，也用淺顯筆法作應用的示範；對西洋星座起源的追索以及對「圖象批評」的分析，均極具啓發作用。

⑤⑥南十字星座

呂大明 著

人生是一段奔馳的旅程，生命的列車載著你、我向四野茫茫的時空飛奔……當你在生旅中奔馳，請為這本小書逗留片刻，書中有人間至情、生活的哲思、美的闡釋、文學盤古的足音，有清純如童詩般的吟唱，也有鐫心的異鄉情懷……

⑰重疊的足跡

韓　秀　著

因爲一份眞摯的愛，對文學，對那塊廣袤的土地，對那些親如手足的人；所以有了理解，有了同情，有了尊敬；那怕是擦身而過，也會留下痕跡，留下感觸。本書作者以親身經驗寫她和十多位作家的交往，爲當代中國文學史添加幾頁註脚。

⑱書鄉長短調

黃碧端　著

本書內容包括文學隨筆、新書短評、域外書介三部分。作者藉由理性的角度、感性的筆調，評論了近幾年來出版的一些小說，兼論及文學界的一些人與事，並對中文西譯的困難展現出相當程度的關懷。

⑲愛情·仇恨·政治
·漢姆雷特專論及其他

朱立民　著

本書論及四部莎士比亞悲劇裏的各類問題：如朱麗葉的父親對悲劇發生的責任、奧賽羅黑皮膚的反諷、漢姆雷特內心的衝突、勞倫斯奧立弗如何改編莎劇及柴弗瑞里如何處理漢姆雷特的戀母情結等等。

⑳蝴蝶球傳奇
·眞實與虛構

顏匯增　著

本書所力圖企及的絕非所謂的「魔幻寫實主義」，而是企圖尋找一個眞正屬於「紙上文字世界」的經驗。作者認爲唯有從紙上經驗「本身」獲得眞實的感受，才能在諸般迥異於文字世界的世界中，洞見出眞正活生生的東西……

⑥1 文化啓示錄

南方朔 著

目前的臺灣正在走向加速的變革中，相應的是一切變革之後的「文化」改變卻明顯的落後太多。「文化」與現實的落差是作者近年鍥而不捨於「文化」問題的原因，本書則是提供讀者一個思考的空間。

⑥2 日本這個國家

章 陸 著

本書從東、西方及過去、現在、未來等衝擊與演變，綜看日本的萬象。作者以旅日多年的見聞，根據今昔史實，敍述日本的風土習俗、文化源流、天皇制度、政壇人物、社會現象等等，並比較其互爲因果，以期能向國人提供認識日本的一些參考資料。

⑥3 在沉寂與鼎沸之間

黃碧端 著

本書是作者對當今時事的分析評論集，篇篇都有獨到的見解，觀察入微、議論平實。除了能啓發讀者另一層思考外，亦展現出高度的感性關懷。在紛擾鼎沸的世局中，是一股永不沉寂的清流，值得關心國事的人，同來思考與反省。

⑥4 民主與兩岸動向

余英時 著

一九八七－九一年是海峽兩岸局勢動盪最劇烈的時期，在此關鍵時刻，本書作者以一個「學歷史的人」的觀點，對中國的民主發展及兩岸動向提出一些見解，期望此見解能產生「見往知今」的效用，同時也期待處於此歷史轉折點上的中國人一起省思。

⑥⑤靈魂的按摩

劉紹銘 著

本書作者長年旅居海外，以宏觀的視野、幽默風趣的筆調，對當代中國文學及世界文化現象，加以詮釋及評析。希望讀者藉著本書的「按摩」，不僅能達到滌清思緒，舒筋活骨之效；更能對這個既熟悉又陌生的世界，有著嶄新的認知及體驗。

⑥⑥迎向衆聲
·八〇年代臺灣文化情境觀察

向陽 著

本書是作者在八〇年代期間，面對風起雲湧之臺灣文化現象所作的觀察報告。向陽以其詩人之心、論者之眼，透過對文學、藝術、民俗、語言、史料整理及相關著作的解讀與評析，試圖建構一個「文化臺灣」圖式，彰顯八〇年代臺灣文化的形貌。

⑥⑦蛻變中的臺灣經濟

于宗先 著

由於兩岸解凍、經濟自由化、臺幣升值、金融狂飆等問題的激盪，引發了社會失序、政府無力、人民迷惘的混沌現象。身爲此大變局中的一員，本書作者表達了一個知識分子的感受和建言，期待能爲這個蛻變的時期留下記錄，並提供解決的途徑。

⑥⑧從現代到當代

鄭樹森 著

五四運動帶給中國現代文學的影響是巨大而深遠的。作者以此爲出發點，運用他專業的學識及文化素養，對現今兩岸三地的中國文學和作家，作了深刻的研究和評論，並旁及與西方文學的比較，是一本內容豐富的文化評論集。

⑥⑨嚴肅的遊戲
・當代文藝訪談錄
楊錦郁　著

本書共分文學心靈、文學經驗、文學夫妻、電影之美四部分，訪問了白先勇、洛夫、葉維廉等當代著名文學家，暢談創作的心路歷程，是作者從事報導文學多年累積而成的文字結晶，值得您細細品味。

⑦⑩甜鹹酸梅
向　明　著

本書是作者在人海中浮沉時所領略體會出的諸般心得和感想：有人間世事的紛擾和關懷，有親情友情的回味和依戀，更有旅途遠行的記憶和心得，反映出生逢亂世一個平凡人的甜鹹酸苦，文字簡鍊流暢，是作者詩筆以外的另一種筆力。

⑦①楓　香
黃國彬　著

本書題材寬廣，抒情、詠物、敍事、繪景、寫人、說理、議論，都是作者筆鋒所及。讀者在欣賞雄偉磅礴、豪邁奔放的大散文之餘，亦可以讀到短小短悍、幽默輕鬆的雋篇，且看作者如何描寫人情、物理、挫情趣、理趣於筆端。

⑦②日本深層
齊　濤　著

「日本學」是國際間新興起的一門學科，本書特就政治、外交、國防、經貿、社會等多重層面，詳述剖析近年來發生於日本的重要事件。作者體察時勢、觀察敏銳，研讀此書，將有助我們更深一層了解日本的表裏。

⑬美麗的負荷

封德屏 著

本書是作者從事寫作的文字總集。有少女時代所寫，如詩如歌的雋永小品；更有以求真存眞的態度詳實記錄而成的報導文字，對象涵蓋作家、影劇圈、藝術家等文藝工作者的訪談記錄。值得有心人一起駐足品賞。

⑭拒斥現代文明的隱者

周陽山 著

生爲現代人，身處文明世界，又何能自隱於現代文明？本書內容包括散文、報導文學、音樂、影評、書評等，作者中西學養兼富，體驗靈敏，以悲憫之心關懷社會，以詳贍分析品評文藝，是學術研究外，結合專業知識與文學筆調的另一種嘗試。

⑮煙火與噴泉

白靈 著

本書詳盡的評析了新詩的源起及演變、臺灣詩壇的今與昔，除介紹鄭愁予、葉維廉、羅青等當代名家的詩作及創作理念外，並給予初習新詩者的入門指引，值得想一探新詩領域的您細細研讀。

⑯七十浮跡

・生活體驗與思考

項退結 著

本書是作者一生所思所悟與生活體驗。從青年時米蘭求學，到「哲學之遺忘」的西德八年，再到主持《現代學苑》實踐對文化與思想的關懷，最後從事教學與學術研究的漫長人生歷程。雖是略帶有自傳性質，卻也反映了一個哲學人所代表的時代徵兆。

國立中央圖書館出版品預行編目資料

日本深層／齊濤著. --初版. --臺北市：
三民，民83
面； 公分. -- (三民叢刊;72)
ISBN 957-14-2062-X (平裝)

1.日本-政治與政府

574.2 83001859

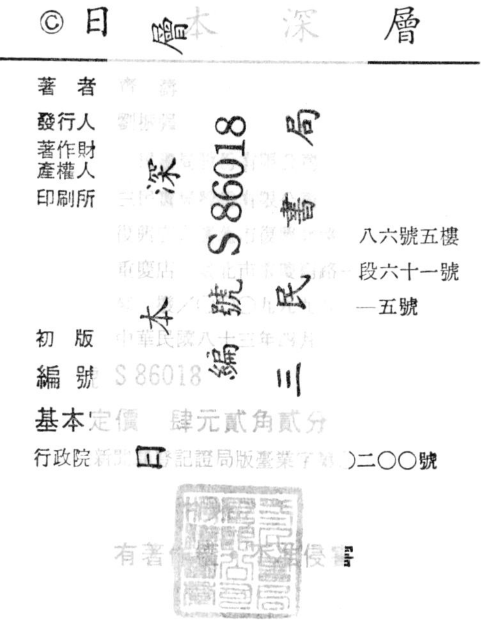

©日 本 深 層

著 者 齊 濤
發行人 劉振强
著作財產權人 三民書局股份有限公司
印刷所
八六號五樓
段六十一號
一五號
初 版 中華民國八十三年四月
編 號 S 86018
基本定價 肆元貳角貳分
行政院新聞局登記證局版臺業字第○二○○號

ISBN 957-14-2062-X (平裝)